FRANKEN

Regioführer spezial

DIE AUTOREN

Rasso Knoller arbeitet als freier Reisejournalist für namhafte deutsche Tageszeitungen sowie Magazine und hat über einhundert Bücher verfasst. Zur Recherche für diesen Band ist er in seine bayerische Heimat zurückgekehrt. Er gehört dem Journalistennetzwerk »Die Reisejournalisten« (www.die-reisejournalisten.de) an und betreibt mit einem Kollegen das Internetmagazin weltreisejournal.de.

Diana Seufert ist in Würzburg geboren und tief in Franken verwurzelt. Seit 30 Jahren arbeitet sie bei einer Tageszeitung in Tauberfranken als Lokalredakteurin und Reisejournalistin. Dabei genießt sie es, die Schönheiten der Welt und der Heimat zu entdecken.

Neugierde, Reiselust und Freude am Erleben leiten **Katja Wegener,** die für Online- sowie Printmedien schreibt. In ihrem Magazin WellSpa-Portal (wellspa-portal.de) nimmt sie ihre Leser mit an die schönsten Plätze der Welt und bietet Genussreisetipps.

www.vistapoint.de

INHALT

TOP 10

STADTTOUR NÜRNBERG — MIT DETAILKARTE

REISEBLOG: FRANKEN EINMAL ANDERS

VISTA POINTS – SEHENSWERTES

Reiseregionen, Orte und Sehenswürdigkeiten

CHRONIK

SERVICE VON A BIS Z

SEN
Barchfeld
Ohrdruf
Kahla
Crimmitschau
Schmalkalden
Rudolstadt
Weida
Werra
Wasungen
Ilmenau
Gehren
Bad Blankenburg
Saalfeld
Talsp. Zeulenroda
Zeulenroda
Reichenbach
Meiningen
Suhl
Talsp. Hohenwarte
Hilders
THÜRINGEN
Schleiz
Lengenfeld
Talsp. Pöhl
Falkenstein
Schleusingen
Ludwigsstadt
Bleilochtalsperre
Plauen
Mellrichstadt
rsfeld (Rhön)
Eisfeld
Steinach
Bad Lobenstein
Oelsnitz
Bischofsheim a. d. Rhön
Hildburghausen
Sonneberg
Markneukirchen
Kloster Kreuzberg
Bad Königshofen
Bad Rodach
Veste Coburg
Neustadt
Schwarzenbach a. Wald
Hof
Adorf
ad Neustadt
Coburg
Selbitz
Bad Elster
Maroldsweisach
Rehau
Schwarzenbach a. d. Saale
Heilquellen
Stadtlauringen
Sonnefeld
Kronach
Münchbg.
ingen
Hofheim
Lichtenfels
Selb
Oerlenbach
Ebern
Kulmbach
Cheb
Unterfranken
Main
Roter Main
Königsberg
Ebensfeld
Bad Berneck
Wunsiedel
Arzberg
hweinfurt
Zeil a. Main
Bindlach
Marktredwitz
Waldsassen
ein
Scheßlitz
Bayreuther Festspiele
Werneck
Knetzgau
Hallstadt
Bayreuth
Tirschenreuth
Main
Oberaurach
Altes Rathaus
Litzendorf
Kemnath
Kolitzheim
Gerolzhofen
Bamberg
Oberfranken
Waldnaab
Volkach
Speichersdorf
Erbendorf
Dettelbach
Hirschaid
Pottenstein
Neustadt a. d. Waldnaab
Wiesentheid
Fränkische Schweiz
Pegnitz
Schlüsselfeld
Adelsdorf
Forchheim
Kitzingen
Höchstadt
Auerbach
Grafenwöhr
Weiden i. d. OPf.
Marktbreit
Regnitz
Vilseck
Neustadt a. d. Aisch
Eckental
Pegnitz
Wernberg-Köblitz
Uffenheim
Herzogenaurach
Erlangen
Schnaittach
Hirschau
Herrgottskirche
Bad Windsheim
Fürth
Hersbruck
Pommelsbrunn
Nabburg
Creglingen
Cadolzburg
Amberg
Rothenburg ob d. Tauber
NÜRNBERG
Altdorf b. Nürnbg.
Schwarzenfeld
Dietenhofen
Roßtal
Feucht
Rothenburger Turmweg
Ansbach
Heilsbronn
Schwabach
Berg
Schwandorf
Lauterach
Neumarkt i. d. Opf.
Roth
Naab
Nittenau
Herrieden
Bechhofen
Burglengenfeld
Feuchtwangen
Mittelfranken
Parsberg
Hilpoltstein
Main-Donau-Kanal
Gunzenhausen
Altmühlsee
BAYERN
Regen
Gr. Brombachsee
Fränkisches Seenland
Greding
Dietfurt
Donaustauf
Dinkelsbühl
Wassertrüdingen
Weißenburg i. Bayern
Beilngries
Regensburg
Altmühltal
Treuchtlingen
Altmühl
Kelheim
Bad Abbach
Oettingen
Westhausen
Altmannstein
Abensberg
Pfaffenberg
Nördlingen
Aalen
Neresheim
Harburg
Neustadt a. d. D.
Ingolstadt
Donauwörth
Neuburg a. d. Donau
Geisenfeld
Rottenburg
Ergoldsbach
denheim
Giengen
Reichertshofen
Mainburg
Höchstädt
Schrobenhausen
Abens
Essenbach
Wertingen
Lech
Paar
Sontheim
Meitingen
Pfaffenhofen
Landshut
Isar

EXTRAS – ZUSATZINFORMATIONEN

ORTE AUS »1000 PLACES TO SEE BEFORE YOU DIE«

Zeichenerklärung

Top 10
Das müssen Sie gesehen haben

Vista Point
Reiseregionen, Orte und Sehenswürdigkeiten

Symbole
Verwendete Symbole siehe hintere innere Umschlagklappe.

Kartensymbol: Verweist auf das entsprechende Planquadrat der ausfaltbaren Karte bzw. der Detailpläne im Buch.

S R U Tram Bus
VGN-Freizeit
bis zum Horizont
Über 300 VGN-Freizeit-Tipps & dein Rucksack voller Erlebnisse!
vgn.de/freizeit
vgn_freizeit
VGN
Verkehrsverbund Großraum Nürnberg

Der Henkersteg überspannt die Pegnitz in Nürnberg

0 20 km
Hof
Bad Steben
Naila
Selbitz
Rehau
Selb
Schwarzenbach a. Wald
Schwarzenbach a. d. Saale
Münchberg
Stockheim
Kronach
Kulmbach
Marktrodach
Stadtsteinach
Marktleuthen
Arzberg
Wunsiedel
Marktredwitz
Weißenstadt
Gefrees
Bad Berneck
Bindlach
Bayreuth
Coburg
Neustadt
Bad Rodach
Sonnefeld
Untersiemau
Seßlach
Lichtenfels
Bad Staffelstein
Ebensfeld
Zapfendorf
Thurnau
Scheßlitz
Memmelsdorf
Litzendorf
Fränkische Schweiz
Eckersdorf
Speichersdorf
Creußen
Pottenstein
Pegnitz
Waischenfeld
Heiligenstadt
Hallstadt
Bamberg
Baunach
Ebern
Eltmann
Bischofsheim a. d. Rhön
Bad Brückenau
Bad Neustadt
Bad Königshofen
Kloster Kreuzberg
Bad Bocklet
Münnerstadt
Stadtlauringen
Maroldsweisach
Hofheim
Königsberg
Haßfurt
Zeil a. Main
Knetzgau
Oberaurach
Bad Kissingen
Oerlenbach
Poppenhausen
Hammelburg
Oberthulba
Spessart
Schweinfurt
Gemünden a. Main
Lohr a. Main
Frammersbach
Alzenau
Hösbach
Laufach
Waldaschaff
Aschaffenburg
Obernburg
Elsenfeld
Klingenberg a. Main
Großheubach
Miltenberg
Amorbach
Markheidenfeld
Karlstadt
Eußenheim
Arnstein
Werneck
Zellingen
Rimpar
Veitshöchheim
Würzburg
Kolitzheim
Gerolzhofen
Volkach
Estenfeld
Dettelbach
Prichsenstadt
Gerbrunn
Wiesentheid
Sommerhausen
Kitzingen
Marktbreit
Reichenberg
Giebelstadt
Ochsenfurt
Schlüsselfeld
Scheinfeld
Neustadt a. d. Aisch
Uffenheim
Bad Windsheim
Rothenburg ob d. Tauber
Hirschaid
Adelsdorf
Forchheim
Höchstadt
Röttenbach
Herzogenaurach
Eckental
Simmelsdorf
Erlangen
Schnaittach
Hersbruck
Pommelsbrunn
Fürth
Cadolzburg
Zirndorf
Nürnberg
Altdorf b. Nürnberg
Feucht
Roßtal
Dietenhofen
Schwabach
Wendelstein
Heilsbronn
Ansbach
Leutershausen
Roth
Windsbach
Abenberg
Herrieden
Bechhofen
Feuchtwangen
Fränkisches Seenland
Altmühlsee
Gunzenhausen
Gr. Brombachsee
Hilpoltstein
Greding
Wassertrüdingen
Fichtenau
Dinkelsbühl
Ellingen
Altmühltal
Altmühl
Weißenburg i. Bayern
Treuchtlingen
Pappenheim
Main
Roter Main
Regnitz
Pegnitz
Sinn
3
6
7
9
70
71
73
93
Tschechische Republik
Cheb
Waldsassen
Tirschenreuth
Kemnath
Erbendorf
Neustadt a. d. Waldnaab
Weiden i. d. OPf.
Waidhaus
Grafenwöhr
Auerbach
Vilseck
Hirschau
Amberg
Nabburg
Oberviechtach
Wernberg-Köblitz
Schwarzenfeld
Schwandorf
Neunburg v. Wald
Neumarkt i. d. OPf.
Teublitz
Nittenau
Maxhütte-Haidhof
Burglengenfeld
Regenstauf
Wenzenbach
Regensburg
Obertraubling
Parsberg
Dietfurt
Beilngries
Kelheim
Bad Abbach
Altmannstein
Berg
Oettingen
Nördlingen
Ellwangen
Hüttlingen
Westhausen
Crailsheim
Gaildorf
Backnang
Ludwigsburg
Bietigheim
Bissingen
Maulbronn
Mühlacker
Eppingen
Heilbronn
Neckarsulm
Bad Friedrichshall
Lauffen
Sinsheim
Gundelsheim
Adelsheim
Osterburken
Buchen
Walldürn
Mudau
Oberzent
Eberbach
Erbach
Michelstadt
Mörlenbach
Höchst
Dieburg
Rödermark
Rodgau
Offenbach am Main
Hanau
Gelnhausen
Wächtersbach
Schlüchtern
Steinau
Birstein
Gedern
Nidda
Echzell
Ortenberg
Neuhof
Flieden
Gersfeld (Rhön)
Ostheim
Hildburghausen
Eisfeld
Steinach
Sonneberg
Bad Lobenstein
Falkenstein
Oelsnitz
Klingenthal
Kraslice
Markneukirchen
Adorf
Öhringen
Ilshofen
Kupferzell
Künzelsau
Ingelfingen
Blaufelden
Schrozberg
Niederstetten
Bad Mergentheim
Boxberg
Königshofen
Igersheim
Lauda
Tauberbischofsheim
Hardheim
Wertheim

Willkommen in Franken

In Franken lässt es sich gut leben. Im deutschen Glücksatlas von 2019 steht es schwarz auf weiß und die Studien zur Lebensqualität im Wochenmagazin Focus sprechen dieselbe Sprache. Doch nicht nur das, zugleich ist die Region ausgesprochen geschichtsträchtig. Mächtige Königsgeschlechter hat sie hervorgebracht – kein Wunder also, dass Städte wie Würzburg, Bamberg oder Nürnberg mit Zeugen einer großen Vergangenheit aufwarten können. Dort die Residenz, hier der Dom und da die Burg, gleich drei beeindruckende Bauwerke und dabei nur Beispiele für eine lange Reihe von bekannten touristischen Attraktionen. Ganz zu schweigen von kleinen Orten wie Rothenburg oder Dinkelsbühl, die mit ihren historischen Altstädten Gäste aus aller Welt anlocken. Dasselbe gilt für die Bayreuther Festspiele, denn nicht nur Wagnerianer pilgern jedes Jahr zu diesem Event. Allerdings brauchen die Besucher Glück, denn die Konzertkarten sind so begehrt, dass sie verlost werden müssen. Eine Eintrittskarte ins Museum hingegen ist einfach zu ergattern und auch hier wird oft Besonderes geboten. Das Germanische Nationalmuseum in Nürnberg beispielsweise präsentiert die größte Ausstellung zur Kultur im deutschsprachigen Raum.

In der Natur gibt es ebenfalls einiges zu erkunden: die Fränkische Schweiz mit ihren bizarren Felsformationen, das malerische Altmühltal, die Berglandschaften der Rhön und des Fichtelgebirges oder die Fränkische Seenlandschaft.

An der frischen Luft sind die Gäste auch in den Biergärten – und davon gibt es wahrlich genug, denn Franken ist die Heimat des Biers. Nirgendwo auf der Welt ist die Brauereidichte so hoch wie hier. Das heißt jedoch keineswegs, dass Weintrinker darben müssen: In der Region um Würzburg werden Silvaner, Riesling und Bacchus angebaut und dann im typischen Bocksbeutel verkauft. So kann sich jeder sein bevorzugtes Getränk zu Bratwürsten, Schlachtplatte oder Schäufele mit Klößen bestellen.

Man ahnt es schon, die Franken verstehen zu feiern. Das Nürnberger Volksfest, die Bergkirchweih in Erlangen, die Fürther Michaelis-Kirchweih und das Kiliani-Volksfest in Würzburg stehen stellvertretend für die vielen Feste, die rund ums Jahr in den Städten und Dörfern der Region stattfinden. Am bekanntesten aber ist der Nürnberger Christkindlesmarkt vor Weihnachten.

Franken wartet auf Sie – zu jeder Jahreszeit.

Über Würzburg thront die mächtige Festung Marienberg

Top 10: Das müssen Sie gesehen haben

1 Nürnberg: Vom Tiergärtnerplatz zur Burg

Seite 18 ff. ➡ aA3

Am Tiergärtnerplatz mit Blick aufs Albrecht-Dürer-Haus ein Bier oder einen Kaffee trinken und dann gemütlich hinauf zur Burg spazieren. So verbindet man Nürnbergs beste Seiten.

2 Heilquellen in Bad Kissingen

Seite 64 ➡ B4

Schon im Mittelalter waren die Heilquellen bekannt und ihre Vorzüge genossen selbst Kaiserin Sisi und Reichskanzler Bismarck.

3 Kreuzberg

Seite 68, Seite 69 ➡ A4

Der Kreuzberg wird als der »heilige Berg der Franken« verehrt. Zur inneren Einkehr gehört auch die Stärkung im Kloster mit selbst gebrautem Bier.

4 Würzburger Residenz

Seite 92, Seite 100 ➡ bB/bC4

Würzburg hat mit der Residenz ein barockes Schmuckkästchen als UNESCO-Welterbe. Das Deckenfresko von Tiepolo im Treppenhaus zeigt Allegorien der Kontinente.

5 Mittelalter in Dinkelsbühl

Seite 112 ff. ➡ G5

Als »europäisches Kulturdenkmal« versprüht der historische Kern der Reichsstadt mit 780 Häusern mittelalterliches Flair.

6 Fränkisches Seenland

Seite 125 ➡ G6/7

Der Brombachsee, eine der künstlichen Wasserflächen des Fränkischen Seenlands, hat sich zu einem Hotspot für Erholungssuchende und Wassersportler entwickelt.

7 **Rothenburger Turmweg**
Seite 142 ➡ F4
Beim vier Kilometer langen Rundgang auf und entlang der Stadtmauer mit ihren 42 Türmen und Toren eröffnet sich ein neuer Blick auf die Altstadt.

8 **Altes Rathaus in Bamberg**
Seite 162, Seite 167 ➡ C6
Eigentlich könnte ganz Bamberg in der Top-10-Liste auftauchen – am schönsten ist aber das farbenfrohe Alte Rathaus, das am Altstadteingang auf einer Insel der Regnitz liegt.

9 **Bayreuther Festspiele**
Seite 184 f. ➡ C8
Nicht jeder, der will, darf auch – die Eintrittskarten für die Bayreuther Festspiele sind heiß begehrt. Wer jedoch Glück hat bei der Ticketlotterie, wird die Konzerte im Festspielhaus auf dem Grünen Hügel nie vergessen.

10 **Fränkische Schweiz**
Seite 191 ff. ➡ C/D7/8
Burgen, Berge und Bier – die Fränkische Schweiz bietet alles, was man zum perfekten Urlaub braucht. Aktivurlauber freuen sich über die unendlichen Möglichkeiten zum Wandern, Fahrradfahren und Klettern.

Ein Rundgang durch Frankens Hauptstadt

Vormittag

Hauptmarkt mit Frauenkirche und Schönem Brunnen – Fleischbrücke – Trödelmarkt – Henkerhaus – Kettensteg – Weißgerbergasse – Füll – Albrecht-Dürer-Haus – Tiergärtnerplatz mit Pilatushaus – Burg – Stadtmuseum im Fembohaus – Egidienplatz mit Innenhof des Pellerhauses und St. Egidien – Sebalduskirche – Rathaus

Mittag

Bratwurst Röslein, Rathausplatz 6, www.bratwurst-roeslein.de, solide fränkische Küche. €€

Nachmittag

Hauptmarkt – Heilig-Geist-Spital – Vordere Insel Schütt – Uhrensammlung Karl Gebhardt – St. Lorenz – Weißer Turm – Ehekarussell – St. Elisabeth – St. Jakob – Straße der Menschenrechte – Germanisches Nationalmuseum – Neues Museum

Die Frauenkirche dominiert den Hauptmarkt, auf dem fast täglich Händler ihre Waren feilbieten

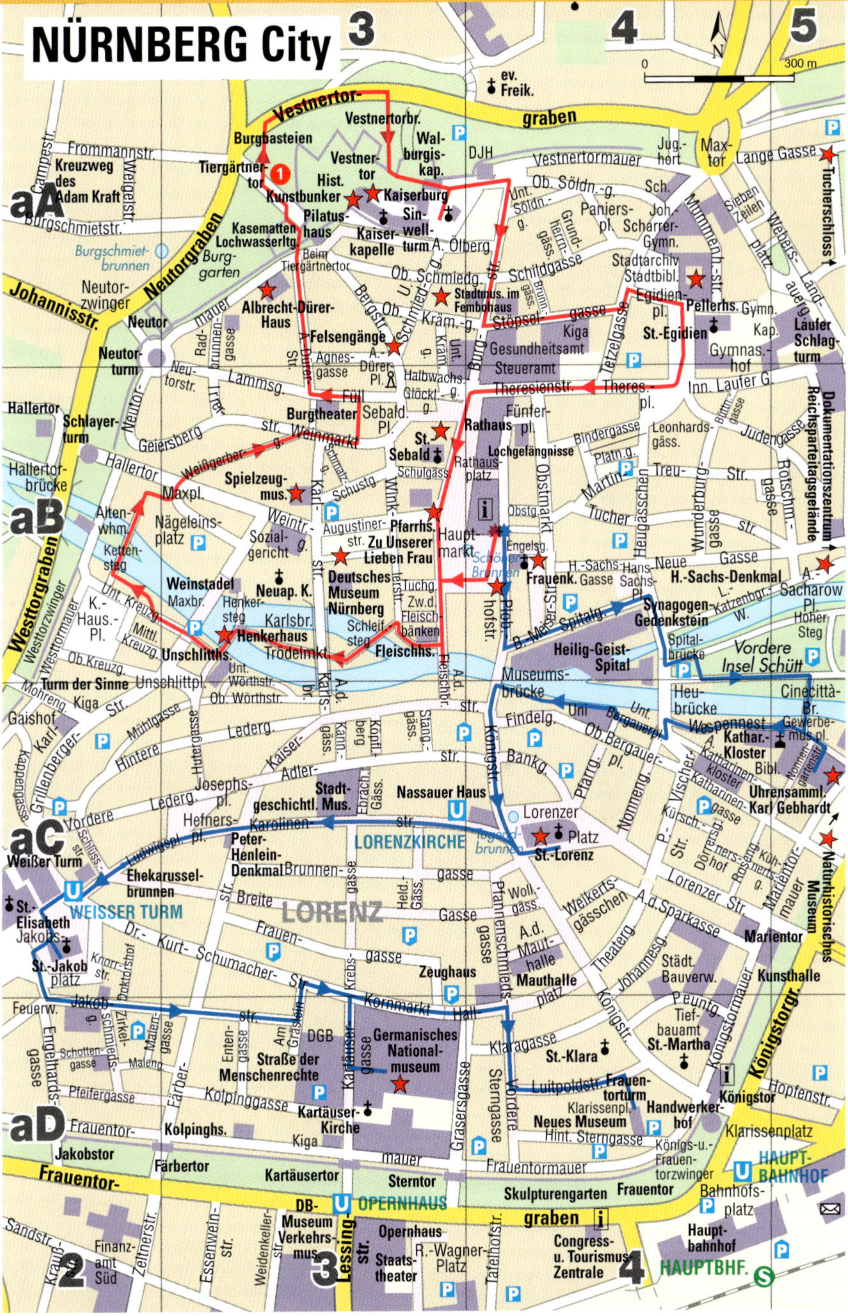
NÜRNBERG City
Vestnertorgraben
Vestnertorbr.
Burgbasteien
Tiergärtnertor
Hist. Kunstbunker
Kaiserburg
Pilatushaus
Kasematten Lochwasserltg.
Kaiserkapelle
Sinwellturm
Walburgiskap.
Vestnertormauer
Burggarten
Neutorgraben
Johannisstr.
Neutorzwinger
Neutor
Neutorturm
Albrecht-Dürer-Haus
Felsengänge
Stadtmus. im Fembohaus
Schildgasse
Stadtarchiv Stadtbibl.
Pellerhs.
St.-Egidien
Egidienpl.
Gesundheitsamt
Steueramt
Theresienstr.
Theres.-pl.
Burgtheater
Sebald. Pl.
St. Sebald
Rathaus
Rathausplatz
Lochgefängnisse
Hallertor
Schlayerturm
Hallertorbrücke
Spielzeugmus.
Weißgerbergasse
Weinmarkt
Maxpl.
Nägeleinsplatz
Sozialgericht
Augustinerstr.
Pfarrhs. Zu Unserer Lieben Frau
Hauptmarkt
Schöner Brunnen
Frauenk.
Hans-Sachs-Pl.
H.-Sachs-Denkmal
Synagogen-Gedenkstein
Heilig-Geist-Spital
Spitalbrücke
Vordere Insel Schütt
Weinstadel
Neuap. K.
Henkersteg
Henkerhaus
Deutsches Museum Nürnberg
Fleischbänken
Fleischhs.
Trödelmkt.
Unschlittplatz
Unschlitths.
Kettensteg
Westtorgraben
Turm der Sinne
Museumsbrücke
Heubrücke
Cinecittà-Br.
Kathar.-Kloster
Uhrensamml. Karl Gebhardt
Königstr.
Nassauer Haus
Lorenzer Platz
St.-Lorenz
LORENZKIRCHE
Stadtgeschichtl. Mus.
Peter-Henlein-Denkmal
Karolinenstr.
Weißer Turm
WEISSER TURM
Ehekarussellbrunnen
St.-Elisabeth
St.-Jakob
Jakobsplatz
LORENZ
Dr.-Kurt-Schumacher-Str.
Zeughaus
Mauthalle
Kornmarkt
Germanisches Nationalmuseum
Straße der Menschenrechte
Kartäuser-Kirche
St.-Klara
St.-Martha
Marientor
Kunsthalle
Naturhistorisches Museum
Dokumentationszentrum Reichsparteitagsgelände
Tucherschloss
Königstorgr.
Königstor
Frauentorturm
Neues Museum
Handwerkerhof
Klarissenplatz
Jakobstor
Färbertor
Kartäusertor
Sterntor
Frauentor
Frauentorgraben
Skulpturengarten
OPERNHAUS
DB-Museum Verkehrsmus.
Opernhaus
Staatstheater
R.-Wagner-Platz
Congress- u. Tourismus Zentrale
HAUPTBAHNHOF
Bahnhofsplatz
Hauptbahnhof
HAUPTBHF.
Finanzamt Süd

Beim Blick auf die Frauenkirche lohnt es sich, auf Details zu achten

Nürnberg ➡ E7, die Hauptstadt Frankens, ist mit 515 000 Einwohnern die zweitgrößte Stadt Bayerns. Erstmals urkundlich erwähnt im Jahr 1050 war sie im Mittelalter eine der wichtigsten Städte des Landes und in der Folge auch von europaweiter Bedeutung. Die Altstadt galt bis zum Zweiten Weltkrieg als die schönste und prächtigste Deutschlands. Für die Nationalsozialisten war Nürnberg als Ort der Reichsparteitage von großer Bedeutung. Entsprechend war die Stadt in den Bombennächten des Krieges eines der Hauptziele alliierter Fliegerangriffe und wurde zu weit über 90 Prozent zerstört. Der Wiederaufbau erfolgte teilweise originalgetreu, in vielen Teilen der Stadt lassen sich die Wunden, die der Krieg geschlagen hat, aber bis heute erkennen.

Ausgangspunkt des Stadtspaziergangs ist die Tourist Information am **Hauptmarkt** ➡ aB3/4. Von Montag bis Samstag bieten hier Händler aus dem Umland ihre Lebensmittel an, am Wochenende finden auf dem Platz oft Veranstaltungen statt, im Winter lockt der Christkindlesmarkt. Apropos Christkind: Am Freitag vor dem 1. Advent, Punkt 18 Uhr, steht das Christkind auf der Empore der **Frauenkirche** ➡ aB4 und eröffnet den weltberühmten Markt. Weil es dabei nicht von einem Geländer geschützt wird, gehört zum »Anforderungsprofil« des Christkinds auch Schwindelfreiheit. Für den Fall der Fälle trägt es unter der Kleidung ein Schutzgeschirr, das an der Kirchenfassade befestigt ist. Nicht nur im Winter, sondern jeden Tag um 12 Uhr setzt sich

Der Christkindlesmarkt auf dem Nürnberger Hauptmarkt lockt viele Besucher an

»Des Reiches Schatzkästlein«

Nürnberg

Nürnberg, Bayern

Sagt man Nürnberg, meint man meistens den historischen Kern und lässt die ausufernde Großstadt drum herum außen vor. Auch wenn sich die mittelalterlich geprägte Altstadt noch immer mit einem vollständig erhaltenen Mauerring umgibt und ihr allein das touristische Interesse gilt, ist sie keineswegs eine zeitlose Idylle. Sie versteht sich als lebendiger, wenn auch relativ kleiner und durchaus gemütlich-urbaner Mittelpunkt der zweitgrößten Stadt Bayerns, in der das fränkische Lebensgefühl nicht zu kurz kommt und an der der Zeitgeist nicht kommentarlos vorbeigezogen ist. Das im Bombenhagel zu 90 Prozent untergegangene Schatzkästlein des Reichs präsentiert sich als ein spannendes Beispiel eines Wiederaufbaus mit Brüchen. Unterhalb der mächtigen Kaiserburg wurden nicht nur die bedeutendsten Sakral-, sondern auch punktuell großartige Profanbauten rekonstruiert. Sie alle haben in den vergangenen Jahrzehnten schon wieder Patina angesetzt und sind prägend für den sympathischen Gesamteindruck. Entstanden sind aber auch außergewöhnliche architektonische Neuschöpfungen, mit denen Nürnberg mitten in der Altstadt den längst fälligen, mutig-überzeugenden Schritt in Richtung Gegenwart gemacht hat.

Nürnberg war Schauplatz längst vergangener Reichstage, von Kaisern geleitetet, aber auch beklemmender Ereignisse jüngeren Datums, so des Reichsparteitags mit der Verkündung der Nürnberger Gesetze und der Nürnberger Kriegsverbrecherprozesse. Die Stadt hat sich bemerkenswert offensiv der Aufarbeitung der Zeit des Dritten Reichs gestellt und verleiht seit 1995 alle zwei Jahre den Nürnberger Menschenrechtspreis.

Heute hat sich Nürnberg zu einem international gefragten Messe- und Kongressplatz entwickelt. Die Stadt ist ein logistisches Zentrum der jüngsten Metropolregion Deutschlands, die sich zusammen mit Fürth und Erlangen als international bedeutender Standort für Forschung und Entwicklung etabliert.

Nürnberg-Panorama mit der Sebalduskirche

Die schnellen Entschlüsse sind nicht unbedingt sein Ding: Dem Franken wird nachgesagt, dass er seine Entscheidungen mit Bedacht trifft, selten in Hektik gerät und kaum zu überschwänglichen Gefühlsausbrüchen neigt – stattdessen gilt er als zuverlässig und liebenswert.

Info Nürnberg: Congress- und Tourismus-Zentrale Nürnberg, Frauentorgraben 3/IV, 90433 Nürnberg, Tel. (09 11) 233 60, tourismus.nuernberg.de, www.kubiss.de (Kultur- und Bildungsserver für den Großraum Nürnberg mit ausführlichem Veranstaltungskalender).

an der Frauenkirche das Glockenspiel in Bewegung und dann huldigen sieben Kurfürsten dem Kirchenstifter Kaiser Karl IV. Bei der Besichtigung der Kirche bemerkt der aufmerksame Besucher, dass in der Mitte des Ostchores am Boden ein Davidstern aus Bronze eingelassen ist – eine Erinnerung daran, dass hier einst eine Synagoge stand.

Der beliebteste Fotospot am Hauptmarkt ist unbestritten der 19 Meter hohe **Schöne Brunnen** ➡ aB4, den 40 bunt bemalte Figuren zieren. Diese stellen u. a. Philosophen, Evangelisten, Kirchenväter und Kurfürsten dar, ganz oben stehen Moses und die sieben Propheten. Am Brunnengitter ist ein Wunschring eingelassen, und zwar dort, wo der Wasserspeier mit dem Posaune spielenden Engel hervorragt. Wer den Ring dreimal mit der linken Hand nach rechts – Richtung Herz – dreht, hat drei Wünsche frei. Ein zweiter Wunschring befindet sich gegenüber, wo die Infotafel vor dem Brunnen steht. Wer hier dreht, darf sich zwar nichts wünschen, dafür ist ihm oder ihr jedoch ein reicher Kindersegen gewiss.

Nur wenige Schritte vom Hauptmarkt entfernt überspannt die **Fleischbrücke** ➡ aB3 die Pegnitz an deren engster Stelle. Nachdem mehrere Brücken dem Hochwasser des Flusses zum Opfer gefallen waren, beschloss der Magistrat der Stadt einen Neubau (1596–98) nach dem Vorbild der Rialtobrücke in Venedig. Es entstand

Der Schöne Brunnen ist einer gotischen Kirchturmspitze nachempfunden und rund 19 Meter hoch

Das Ochsenportal der Fleischbrücke

der technisch ausgefeilteste Brückenbau seiner Zeit. Die Fleischbrücke überstand im Zweiten Weltkrieg sogar mehrere Bombeneinschläge nahezu unbeschädigt. Dort, wo heute Starbucks seinen Kaffee verkauft, stand das 1429 errichtete Fleischhaus der Stadt, beim Neubau 1570/71 kam dann das **Ochsenportal**, noch heute ein Nürnberger Wahrzeichen, dazu. Bekommt ein Einheimischer etwas besonders Unglaubwürdiges zu hören, lautet die Antwort oft: »Das kannst du dem Ochs auf der Fleischbrücke erzählen.«

Auf dem **Trödelmarkt**, einer Pegnitzinsel, auf der es nie einen Trödelmarkt gab, passiert man die sogenannte Liebesinsel, einen kleinen, grünen Fleck, und erreicht das **Henkerhaus** ➡ aB3. Obwohl im Mittelalter gern und häufig hingerichtet wurde, war der Beruf des Henkers dennoch unehrenhaft. Entsprechend durften die Scharfrichter eigentlich nicht im Stadtzentrum wohnen. In Nürnberg löste man das Problem ganz praktisch: Das Henkerhaus wurde zwar im Zentrum, dort aber auf einer Insel – und somit doch irgendwie außerhalb der Stadt – errichtet. Unmittelbar am Henkerhaus bietet sich das **Café am Trödelmarkt** für eine kleine Pause an.

Über Henkersteg und Untere Kreuzgasse geht es weiter zum **Kettensteg** ➡ aB2, der ältesten noch erhaltenen freitragenden Hängebrücke Europas, erbaut 1824, und zur **Weißgerbergasse** ➡ aB3. Die schönste Straße Nürnbergs, an der auf ein paar Hundert Metern ein Fachwerkhaus neben dem anderen steht, lässt erahnen, wie Nürnberg vor dem Zweiten Weltkrieg ausgehen hat. Zudem ist sie für ihre vielen Restaurants bekannt und in der Hausnummer 28 verführt **Die kleine Eismanufaktur** zu süßen Sünden.

Im Albrecht-Dürer-Haus (Bildmitte) lebte der berühmte Künstler fast 20 Jahre lang

Bevor man auf der Albrecht-Dürer-Straße weiter zum Wohnhaus des Malergenies geht, lohnt sich ein Blick in die **Füll** ➡ aB3. In dieser Straße haben einige vornehme Bürgerhäuser den Krieg überstanden. Die Chörlein, die kleinen Erker, waren eigentlich Betnischen, aus denen die Gebete direkt in den Himmel fliegen konnten. Die meisten dieser Erker nutzten die Bewohner allerdings ganz profan als Ausguck auf die Straße und zur Eingangstür des Nachbarn.

In der Albrecht-Dürer-Straße 39 befindet sich das ehemalige Wohnhaus des größten Sohnes der Stadt. Hier lebte Albrecht Dürer (1471–1528) von 1509 bis zu seinem Tod. Als eines der wenigen Häuser in der Nürnberger Altstadt hat das **Albrecht-Dürer-Haus** ➡ aA3 die Bombardierungen des Krieges weitgehend unversehrt überstanden. Bei einem Blick zum Dach ist die große Gaube zu sehen, die Dürer einbauen ließ, um mehr Licht zum Malen zu haben. Schon damals brauchte man für solche Umbauten eine Genehmigung. Der große Künstler gehörte aber zu den VIPs der Stadt und konnte es sich leisten, über solche Vorschriften hinwegzugehen.

Albrecht Dürer schaut über den gleichnamigen Platz

Der ① **Tiergärtnerplatz** ➡ aA3, auf den Dürer aus seinem Haus herunterschaute, ist der perfekte Ort für eine kleine oder größere Pause. Einfach im Straßenverkauf einen Kaffee oder beim Wanderer, der Bierinstitution der Stadt, ein Helles, Dunkles oder Weizen kaufen und sich niederlassen. Bei schönem Wetter setzen sich viele mit dem kühlen Getränk einfach aufs Pflaster. Der Tiergärtnerplatz ist einer der großen Lieblinge der Nürnberger. In der Mitte des Platzes steht Jürgen Goertz' Hasendenkmal, eine moderne Interpretation des Gemäldes von Dürer und eine Hommage an den Meister. Ob es ihm gefallen hätte, weiß man nicht. Die Nürnberger jedenfalls waren ziemlich aufgebracht, als das Denkmal 1984 enthüllt wurde. Inzwischen haben sie sich an den Hasen gewöhnt und so mancher hat ihn ebenso liebgewonnen wie Dürers Original.

Am Tiergärtnerplatz befindet sich auch das **Pilatushaus** ➡ aA3 (1489), ebenfalls bekannt als das Haus zum geharnischten Mann. An der Hausecke steht der heilige Georg in Rüstung als Drachentöter – er wurde zum Namensgeber des Gebäudes und weist zugleich auf den früheren Besitzer hin. Georg war der Schutzheilige der Rüstungsbauer und ein solcher wohnte einst hier. Am Pilatushaus vorbei steigt man den Berg hinauf zur Burg und dabei ist ein Blick zurück auf halber Strecke Pflicht, denn es eröffnet sich eines der beliebtesten Fotomotive der Stadt, das einen winzigen Ausschnitt der Nürnberger Historie festzuhalten scheint.

Auf dem Platz am Tiergärtnertor steht auch das Pilatushaus (rechts neben dem Tor)

Formenreichtum auf der Felsnase

KAISERBURG NÜRNBERG

Nürnberg, Bayern

Die Kaiserburg zu Nürnberg ist Wahrzeichen und Keimzelle der Stadt und eine der bedeutendsten Kaiserpfalzen des Mittelalters. Im äußeren Burghof steht das Brunnenhaus mit dem Tiefen Brunnen. Sein 47 Meter tiefer Schacht garantierte auch während einer wochenlangen Belagerung die Versorgung von Mensch und Tier mit Trinkwasser. Während der Führung wird ein mit brennenden Kerzen bestückter Leuchter an einer Kette hinabgelassen. Diese Demonstration beweist, dass tief unten im Brunnenschacht noch Sauerstoff vorhanden ist.

Eine der bedeutendsten Kaiserpfalzen des Mittelalters: Nürnbergs Kaiserburg

Vom inneren Burghof aus gelangt man zum Palas mit seinen beiden übereinanderliegenden großen Haupträumen, dem Ritter- und dem Kaisersaal. Die heute nur spärlich möblierten Säle beeindrucken durch ihre schlichte Architektur. Im Rittersaal war das kaiserliche Hofgericht. Im darüberliegenden Kaisersaal tafelten unter der in den alten Reichsfarben Schwarz und Gelb gehaltenen Holzdecke die Würdenträger des Reichs. In den drei kaiserlichen Wohn- und Repräsentationsräumen sind noch erhaltene Wandverkleidungen und Decken zu bestaunen. Besonders eindrucksvoll ist hier die sogenannte Adlerdecke im Wohnzimmer des Herrschers.

Kunsthistorischer Höhepunkt der Innenbesichtigung ist die Kaiserkapelle aus dem 12. Jahrhundert. Die romanische Doppelkapelle aus staufischer Zeit gilt als Spiegel der hierarchisch strukturierten mittelalterlichen Hofgesellschaft. Ober- und Unterkapelle sind durch eine Öffnung in der Decke miteinander verbunden. Im Untergeschoss versammelte sich der einfache Adel zum Gottesdienst. Die Oberkapelle war dem höherrangigen Hofstaat vorbehalten. Belegt ist, dass beide Gruppen an der liturgischen Handlung nur stehend teilnehmen durften. Allein der kaiserlichen Familie erlaubte die Etikette, von der Westempore aus dem Gottesdienst sitzend zu folgen. Einziger Schmuck der Oberkapelle ist das Kruzifix von Veit Stoß, dem berühmtesten Holzbildhauer der Spätgotik.

Verlockend ist der kurze Spaziergang durch den Burggarten mit der Großen Bastei an seiner Spitze. Das mächtige Bauwerk ist ein überzeugendes Beispiel der Festungsarchitektur im 16. Jahrhundert. Verantwortlich für die Pläne zeichnete ein Spezialist seiner Zeit, der italienische Festungsbaumeister Antonio Fazuni.

Der Fünfeckturm ist eines der ältesten Teilstücke der mittelalterlichen Burggrafenburg. Er sicherte nach Osten hin das weitgehend zerstörte Ensemble der ersten, salischen Festungsanlage. Das mächtige Bollwerk steht weithin sichtbar auf einer Felsnase, die an dieser Stelle 19 Meter tief zum Stadtgraben hin abfällt und somit ideale verteidigungsstrategische Bedingungen erfüllte.

INFO: In der Innenstadt von Nürnberg gelegen. **INFO KAISERBURG:** Auf der Burg 17, 90403 Nürnberg, Tel. (0911) 244 65 90, www.kaiserburg-nuernberg.de.

Die ① **Burg** ➡ aA3 ist eine der bedeutendsten Kaiserpfalzen des Mittelalters, zwischen 1050 und 1571 hielten die deutschen Kaiser hier Hof. Die meisten von ihnen wohnten jedoch nicht gern in dem kalten Gemäuer und quartierten sich daher nach Abschluss der offiziellen Empfänge bei vermögenden Patrizierfamilien ein. Deren Stadtpaläste ließen sich im Gegensatz zur Kaiserburg heizen und waren vor allem im Winter deutlich gemütlicher. Besucher können sich selbst ein Bild vom Gemütlichkeitsgrad der Burg machen, denn die kaiserlichen Wohn- und Repräsentationsräume im Palas, geschmückt mit kunstvollen Vertäfelungen aus dem Spätmittelalter und der Renaissance, sind zu besichtigen. Und wer will, kann sogar auf der Burg übernachten. Im ehemaligen Kornspeicher befindet sich hoch über der Stadt eine große und die vielleicht schönste Jugendherberge Deutschlands. Ein Bett in den Einzel-, Doppel oder Mehrbettzimmern dürfen gegen einen kleinen Aufschlag auch Menschen über 27 Jahre buchen.

Der Sinwellturm, ein historischer Rundturm der Nürnberger Kaiserburg, ist 41 Meter hoch

Die Burgstraße leitet einen wieder zurück in die Altstadt. Am Weg liegt das **Stadtmuseum im Fembohaus** ➡ aA3/4, in dem eine Ausstellung Einblick in die fast 1000-jährige Geschichte Nürnbergs gibt, außerdem ist hier auch die städtische Kunstsammlung zu Hause. Ein kleiner Abstecher führt durch die Stöpselgasse zum **Egidienplatz** ➡ aA4 mit der gleichnamigen Kirche. Ein Blick in das Innere der einzigen Barockkirche der

Vor dem Barockbau der Kirche St. Egidien reitet Kaiser Wilhelm I.

Die Ausstattung der mittelalterlichen Kirche St. Sebald ist zu großen Teilen erhalten

Stadt lohnt durchaus, der Hauptgrund für den kleinen Umweg ist aber der **Innenhof des Pellerhauses** ➡ aA4. Vor seiner Zerstörung im Zweiten Weltkrieg galt er als der schönste deutsche Arkadenhof. Eine Bürgerinitiative hat 2008 mit dem Wiederaufbau des prachtvollen Renaissancehofs begonnen. Inzwischen ist er weitgehend rekonstruiert, kann besichtigt werden und dient als Veranstaltungsort. Neuerdings plant die Stadt auch die Wiederherstellung der Südfassade des Pellerhauses, das 2025 die Heimat des künftigen Haus des Spiels werden soll.

Über die Theresienstraße geht es zurück auf die Burgstraße und dort zur **Sebalduskirche** ➡ aB3, die das äußerst sehenswerte Grabmal des namengebenden Stadtheiligen beherbergt, und zum **Rathaus** ➡ aB4. Dieses gehörte – u. a. mit dem von Albrecht Dürer entworfenen Rathaussaal – einst zu den prächtigsten Rathäusern des Landes, wurde jedoch im Zweiten Weltkrieg zerstört und konnte nur zum Teil wiederhergestellt werden. Eine kleine Ausstellung in der Ehrenhalle beschäftigt sich mit der Geschichte des Hauses. Die mittelalterlichen Lochgefängnisse im düsteren Keller können im Rahmen von Führungen besichtigt werden.

»Drei im Weggla« isst fast jeder Besucher der Stadt

Zurück am Hauptmarkt ist es Zeit für eine kleine Pause. Man kann gleich unter einem halben Dutzend Restaurants wählen – empfehlenswert sind **Bratwurst Röslein** ➡ aB4 mit typisch fränkischer Küche am Rathausplatz oder das Bratwursthäusle an der Sebalduskirche. Oder man kauft sich an einem der Stände am Markt »Drei im Weggla«, drei Nürnberger Bratwürste im Brötchen. Um »Nürnberger Bratwurst« heißen zu dürfen, muss die Wurst im Stadtgebiet nach einer festgeschriebenen Rezeptur hergestellt werden. Das erste Bratwurstrezept stammt übrigens von 1313.

Während der Vormittag den großen Sehenswürdigkeiten der Stadt vorbehalten war, führt der nachmittägliche Spaziergang zum Shopping durch die mit fünf Kilometern längste Fußgängerzone Mitteleuropas und zu einigen der wichtigsten Museen der Stadt.

Über die Spitalgasse geht es in Richtung Vordere Insel Schütt, vorbei am 1339 errichteten **Heilig-Geist-Spital** ➡ aB4. Als Wohnstätte für Alte und Behinderte und als Krankenhaus erbaut, dient das Spital heute noch als Seniorenheim. Interessantes Detail am Rande: Die im Zweiten Weltkrieg zerstörte Spitalkirche war von 1424 bis 1796 Aufbewahrungsstätte der Reichskleinodien. Wer die Herrschaftsinsignien der Kaiser und Könige des Heiligen Römischen Reiches heute sehen will, muss jedoch nach Wien in die dortige Hofburg fahren.

Vordere Insel Schütt am Ufer der Pegnitz

Die **Vordere Insel Schütt** ➡ aB/aC4/5, auf der von 1898 bis 1917 der Christkindlesmarkt stattfand, ist inzwischen die Copacabana Nürnbergs. Im Sommer schlürfen hier am Ufer der Pegnitz im Sand und unter Palmen Einheimische wie Gäste leckere Cocktails (www.sommer-in-der-city.com). Über die Cinecittà-Brücke, die zum gleichnamigen Kinokomplex – dem größten Europas – führt, erreicht man den Gewerbemuseumsplatz und damit auch die **Uhrensammlung Karl Gebhardt** ➡ aC5 mit mehr als 1000 tragbaren Uhren.

Folgt man der Pegnitz bis zur 1474 erbauten Museumsbrücke und schwenkt dort links in die Fußgängerzone ein, zieht schon bald die Lorenzkirche die

Blick auf Nürnbergs Zentrum, in der Mitte die Sebalduskirche

Blicke auf sich. Vorausgesetzt natürlich, man lässt sich nicht von den vielen Geschäften ablenken. Aber warum eigentlich nicht? Für all jene, die den Stadtrundgang zum Einkaufen unterbrechen wollen, hier der Hinweis: Je näher die Geschäfte an der Pegnitz liegen, desto hochwertiger (und teurer) sind die Waren.

Die gotische Kirche **St. Lorenz** ➡ aC4 ist auch von innen sehenswert: Die Schnitzarbeit »der Engelsgruß« des berühmten Bildhauers Veit Stoß und das 20 Meter hohe Sakramentshaus von Adam Kraft lohnen mehr als nur einen kurzen Blick. Unter den vielen Altären ist der Deocarusaltar von 1436/37 der interessanteste. Er zeigt, wie Kaiser Ludwig IV., bekannt als Ludwig der Bayer, der Stadt Nürnberg die Reliquien des heiligen Deocar übergibt. Besonders ist auch die Orgelanlage, mit 162 klingenden Registern die zweitgrößte in Deutschland.

Die Karolinenstraße führt zum **Weißen Turm** ➡ aC2, einem um 1250 erbauten Zollturm. Sein Name leitet sich von dem ehemals weißen Verputz des Backsteinmauerwerks ab. Vor dem Turm liegt das **Ehekarussell**, ein Brunnen aus den 1980er Jahren, der die sechs Phasen einer Ehe bildlich aufzeigt. Wegen der sehr drastischen Darstellungen des ehelichen Auseinanderlebens war der Brunnen bei der Bevölkerung umstritten. Angeblich soll der Künstler in Scheidung gelebt haben, als er das Werk schuf – was die Sache erklären würde.

Nicht weit entfernt stehen gleich zwei Kirchen: die zwischen 1785 und 1903 (!) erbaute **St. Elisabeth** ➡ aC2 mit ihrer charakteristischen 50 Meter hohen Kuppel und **St. Jakob** ➡ aC2. Über die Jakobstraße erreicht man die **Straße der Menschenrechte** ➡ aD3**.** Auf 27 weißen Rundpfeilern von acht Metern Höhe sind hier in jeweils zwei Sprachen die Forderungen der Charta der Menschenrechte eingraviert. Die Gedenkstraße führt zum **Germanischen Nationalmuseum** ➡ aD3, dem zweifellos wichtigsten Museum der Frankenmetropole. Es deckt ein breites Spektrum an Kunst und Kultur ab und bietet einen vertiefenden Einblick in die deutsche Geschichte. Von den insgesamt 1,3 Millionen Objekten werden im Wechsel jeweils etwa 25 000 ausgestellt. Wer zum Abschluss der Tour noch genügend Energie für einen weiteren Museumsbesuch übrig hat, dem sei das **Neue Museum** ➡ aD4 auf dem Klarissenplatz mit seiner Ausstellung zur modernen Kunst ab 1945 empfohlen. ■

Das Germanische Nationalmuseum liegt an der weiträumigen Gedenkstätte »Straße der Menschenrechte«

Service-Informationen Nürnberg

Tourist Information Nürnberg ➡ aB4
Hauptmarkt 18
90403 Nürnberg
✆ (09 11) 233 60
tourismus.nuernberg.de

Albrecht-Dürer-Haus ➡ aA3
Albrecht-Dürer-Str. 39, Nürnberg
✆ (09 11) 231 25 68
museen.nuernberg.de/duererhaus
Eine Ausstellung erzählt vom Leben und Wirken des berühmten Malers. Wohnstube, Küche und Druckerwerkstatt sind weitgehend noch im Stil des 15. Jh. zu sehen. Das schon seit 1828 als Gedenkstätte geführte Haus ist das erste Museum weltweit, das einem einzelnen Künstler gewidmet wurde, und zudem das einzige Künstlerhaus aus dieser Epoche in Nordeuropa. Bis 2021 hing im Dürer-Haus kein einziges Original. Seitdem sind einige seiner Druckgrafiken zu sehen, die im Vier-Monats-Rhythmus ausgewechselt werden. Wer in Nürnberg ein Originalgemälde Dürers sehen will, muss weiterhin das Germanische Nationalmuseum besuchen.

Das Albrecht-Dürer-Haus liegt an der Stadtmauer mit Wehrgang

Albrecht-Dürer-Haus

Nürnberg, Bayern

Er machte die Druckgrafik zu einem eigenständigen Ausdrucksmittel. Weltruhm erlangte der Kunsttheoretiker und Meister vieler Techniken, wie des Holzschnitts, des Kupferstichs und der Radierung, auch durch zahlreiche sakrale Gemälde: Albrecht Dürer zählt zu den bedeutendsten und vielseitigsten Persönlichkeiten der Kunstgeschichte und hat die deutsche Kunst entscheidend beeinflusst und weiterentwickelt.

Das Albrecht-Dürer-Haus befindet sich unterhalb der Burg am Tiergärtnertor. Dürer (1471–1528) erwarb das viergeschossige Fachwerkgebäude im Jahr 1509 und lebte hier mit seiner Frau Agnes, seiner Mutter und den Schülern bis zu seinem Tod. Das sehenswerte Museum zeigt Leben und Werk des Künstlers in allen Facetten. Zu sehen sind u. a. die historische Küche mit der noch originalen Herdstelle sowie zwei Wohnräume. Tatsächlich blieb das Dürerhaus im Krieg verschont und ist daher im nördlichen Europa das einzige erhaltene Künstlerhaus aus dem 16. Jahrhundert.

Im Kinoraum taucht der Besucher mit der Multivisionsschau »Albertus Durer Noricus« in das Werk des Meisters ein. In einer Galeriezone werden wechselnde Ausstellungen gezeigt.

Glanzpunkt des Museums ist die Maler- und Druckwerkstatt im zweiten Stockwerk. Hier werden die zeitgenössischen künstlerischen Techniken vorgeführt. Es wird erklärt, wie im 16. Jahrhundert Farben hergestellt wurden und aus welchen Ländern die dazu notwendigen Stoffe und Materialien herangeschafft wurden.

Übrigens, durch die Ausstellung führt die Hausherrin höchstpersönlich: »Agnes Dürer« berichtet über Kopfhörer in fünf Sprachen und erzählt speziell auch Kindern vom Alltagsleben, von Freud und Leid im Künstlerhaushalt. Und auf Anfrage kommt sie persönlich (in Gestalt einer Schauspielerin) zu einer Führung für Erwachsene oder Kinder. So wird der Museumsbesuch zu einem unvergesslichen Erlebnis.

Ein Sohn der Stadt Nürnberg: Albrecht Dürer auf einem Selbstporträt (1498), Madrid

Info: In der Nürnberger Altstadt gelegen. **Info Albrecht-Dürer-Haus:** Albrecht-Dürer-Str. 39, 90403 Nürnberg, Tel. (09 11) 231 25 68, museen.nuernberg.de/duererhaus.

Der berühmte Sohn der Stadt ist seit 2014 auch im Namen des Nürnberger Flughafens zu finden

Albrecht Dürer Superstar

Albrecht Dürer war der erste Megastar unter den deutschen Malern. 1471 in Nürnberg als Sohn eines ungarischen Goldschmieds geboren, wurde er schon in jungen Jahren mit seinen Holzschnitten und Kupferstichen europaweit bekannt. Sie machten ihn auch finanziell unabhängig, sodass er sich seiner Malkunst ganz unabhängig von Aufträgen widmen konnte. Trotzdem wollte jeder, der es sich leisten konnte, sein Portrait »von Dürers Hand« im Zimmer hängen haben. Auch Kaiser Maximilian I. hielt große Stücke auf den Nürnberger. Da trafen zwei mit ähnlichem Charakter aufeinander, denn der Kaiser war ebenfalls ein Meister der Selbstinszenierung, der Medien und Künstler gezielt für seine Interessen einsetzte.

Statusgrenzen waren für Dürer dazu da, um überwunden zu werden. Bei seinem Selbstporträt im Marderpelz inszenierte sich der damals 28-Jährige nicht nur in einer Weise, die eigentlich bei Christusbildern üblich war, sondern er trug auch einen kostbaren Mantel der Art, wie er nur den Ratsmitgliedern zustand. Zehn Jahre nachdem er das Porträt gemalt hatte, wurde Dürer dann trotz seiner niedrigen Herkunft selbst in den Großen Rat von Nürnberg berufen.

Jürgen Goertz' Hasendenkmal auf dem Tiergärtnerplatz ist eine moderne Interpretation des Gemäldes von Dürer

Als Dürer am 6. April 1528 starb, hatte er eine feste Verehrerschaft. Seine »Fans« gruben sogar seinen auf dem Johannisfriedhof bestatten Leichnam wieder aus, um ihm eine Totenmaske abzunehmen. Und sein Lieblingsschüler Hans Baldung schnitt dem Meister eine Locke ab, die so für die Nachwelt erhalten blieb. Apropos Nachwelt – über lange Jahre hatte jeder Bürger der alten Bundesrepublik fast jeden Tag einen Dürer in der Hand. Die Dame auf dem Fünfmarkschein war ein von Dürer gemaltes Bildnis einer jungen Venezianerin.

🏛 Dokumentationszentrum Reichsparteitagsgelände
➡ östl. aB5
Bayernstr. 110, Nürnberg
✆ (09 11) 231 75 38
museen.nuernberg.de/dokuzentrum
Die Ausstellung über den Gigantismus des Nationalsozialismus während der Reichsparteitage von 1933 bis 1938 wird derzeit erweitert. Während des Umbaus widmet sich eine Interimsausstellung der Geschichte des Areals und der Reichsparteitage. Auf dem 4 km^2 großen Reichsparteitagsgelände informieren Tafeln über die Historie des jeweiligen Standorts.

🏛 Germanisches Nationalmuseum ➡ aD3
Kartäusergasse 1, Nürnberg
✆ (09 11) 133 10
www.gnm.de
Das Germanische Nationalmuseum ist eines der bedeutenden Museen Deutschlands. Allerdings ist es etwas unübersichtlich aufgebaut, da es rund um das spätmittelalterliche Kartäuserkloster, das den Ursprung der Sammlung bildete, immer wieder erweitert wurde. Wer seine persönlichen Highlights der Ausstellung nicht verpassen will, sollte sich an der Kasse den Gebäudeplan geben lassen.

Der lichtdurchflutete Eingangsbereich des Germanischen Nationalmuseums entstand im Jahr 1993

Hochkarätiges Mittelalter

Germanisches Nationalmuseum

Nürnberg, Bayern

Das größte kulturhistorische Museum Deutschlands ist eines der bedeutendsten seiner Art weltweit. Es präsentiert in einer ungeheuren Vielfalt Kunst und Kultur des deutschsprachigen Raums. Der Rundgang schafft einen Bogen vom steinzeitlichen Faustkeil bis hin zu Objekten der Kunst der Gegenwart. Zu den Höhepunkten zählt zweifellos die Mittelaltersammlung, die in ihrer Art einmalig ist. Es werden Exponate der Gattungen Malerei, Skulptur, Glasmalerei, Kunsthandwerk, Architektur und Teppichherstellung präsentiert. Da ist etwa ein bronzener Kerzenhalter in Form eines Elefanten zu sehen, auf seinem Rücken trägt er einen zinnenbesetzten Schlachtturm mit einem Bogenschützen. Der Elefant selbst ist nur an seinem Rüssel als solcher zu erkennen, die viel zu kleinen Ohren erinnern eher an ein Reh – kein Wunder, waren die Dickhäuter doch im 12. Jahrhundert an seinem Entstehungsort Magdeburg unbekannte, exotische Fabelwesen.

Ausstellungsraum in der Spätmittelalterabteilung des Germanischen Nationalmuseums in Nürnberg mit der Figurengruppe »Raphael und Tobias« von Veit Stoß (1516) im Vordergrund

Auch eine umfangreiche Sammlung historischer Musikinstrumente sowie der älteste Globus der Welt sind Teil der Ausstellung im Museum. Kinder interessieren sich vielleicht besonders für die Spielzeugabteilung, auch der Mode ist eine eigene Sammlung mit Kleidungsstücken aus dem 18. bis 20. Jahrhundert gewidmet. Weitere Abteilungen zeigen Alltags- und Designgegenstände verschiedener Epochen. Man kann also Stunden, besser noch Tage für die Besichtigung der ständigen Sammlungen einplanen. Hinzu kommen immer wieder interessante, themenbezogene Sonderausstellungen.

Die Gründung des Museums ist der Initiative des fränkischen Adligen Freiherr von und zu Aufseß zu verdanken. Die ersten Exponate konnten ab 1857 in den Räumen des ehemaligen Kartäuserklosters präsentiert werden. Durch ständige Um- und Erweiterungsbauten in der Folgezeit, aber auch bedingt durch die Zerstörungen während des Zweiten Weltkriegs und den nachfolgenden Wiederaufbau entstand ein äußerst verschachtelter, architektonisch faszinierender Gebäudekomplex. Gleich beim Eintreten in das Museum beeindruckt der 1993 geschaffene lichtdurchflutete Eingangsbereich.

Info: In der Innenstadt von Nürnberg gelegen. **Info Germanisches Nationalmuseum:** Kartäusergasse 1, 90402 Nürnberg, Tel. (09 11) 133 10, www.gnm.de.

Auf der Brücke wohnte einst der Henker, daneben befindet sich der Weinstadel, ehemals ein Weinlager

Das Germanische Nationalmuseum hat eine große Zahl unterschiedlicher, inhaltlich nicht immer zusammenhängender Abteilungen. Hier die wichtigsten: die Ausstellung der **Malerei bis 1800,** u. a. mit Werken von Dürer, Cranach und Rembrandt, die **Sammlung zur Vor- und Frühgeschichte** mit dem bronzezeitlichen Goldhut von Ezelsdorf als wichtigstem Ausstellungsstück, die **Skulpturensammlung** mit mehr als 2500 Werken bis zum Jahr 1800, darunter die Figurengruppe »Raphael und Tobias« von Veit Stoß. Weiterhin beherbergt das Museum eine der größten **grafischen Sammlungen** Europas, dann die **Sammlung zur Kunst und Kultur des 20. Jahrhunderts,** u. a. mit dem Gemälde »Der Trinker« von Ernst Ludwig Kirchner, sowie Ausstellungen mit historischen Musikinstrumenten, Möbeln, Spielzeugen, Kunsthandwerk, Waffen und Jagdgeräten. Auch eine Abteilung zur Volkskunde und ein Münzkabinett erwarten die Besucher.

Henkerhaus ➡ aB3
Trödelmarkt 58, Nürnberg
✆ (09 11) 30 73 60
www.henkerhaus-nuernberg.de
Ausstellung zur Nürnberger Kriminalgeschichte des Mittelalters in einem gedeckten Wehrgang über der Pegnitz.

In dem Kaufmannshaus aus der Spätrenaissance sind das Stadtmuseum und die städtische Kunstsammlung untergebracht

Naturhistorisches Museum ➡ aC5
Norishalle, Marientorgraben 8, Nürnberg
www.nhg-museum.de
Eintritt frei
Kleine Ausstellung zu Völkerkunde und Geologie. Sie beschäftigt sich u. a. mit dem Leben der Steinzeitmenschen in der Region, zeigt keltische Kunst, aber auch Kulturschätze aus allen Regionen der Welt. Die Skelette eines Höhlenbären und eines 8 Meter langen Plateosaurus sind die Highlights.

Auch das Spielzeugmuseum hat eine schöne Heimstatt: das Haller'sche Haus

Spielzeugmuseum ➡ aB3
Karlstr. 13–15, Nürnberg
✆ (09 11) 231 31 64
museen.nuernberg.de/spielzeugmuseum
Seit dem Mittelalter ist Nürnberg die Spielzeugstadt, heute findet hier die weltweit größte Spielwarenmesse statt. Da darf ein Spielzeugmuseum nicht fehlen. Auf 1400 m² Fläche zeigt es alte Schätze, aber auch Spielzeuge, mit denen Kinder heute Spaß haben.

Stadtmuseum im Fembohaus ➡ aA3/4
Burgstr. 15, Nürnberg
✆ (09 11) 231 25 95
museen.nuernberg.de/fembohaus
Kombiticket mit Burg erhältlich

Das Stadtmuseum befindet sich im einzigen erhaltenen Kaufmannshaus der Spätrenaissance. Es lädt seine Besucher zu einer Reise durch 950 Jahre Stadtgeschichte ein. Außerdem ist hier Luppes Galerie, die städtische Kunstsammlung, untergebracht.

🏛 Uhrensammlung Karl Gebhardt ➡ aC5
Gewerbemuseumsplatz 2, Nürnberg
uhrensammlungkarlgebhardt.de
Eintritt frei
Der Nürnberger Feinmechaniker Peter Henlein hat im Jahr 1510 die erste am Körper tragbare Uhr hergestellt. Da passt es ausgezeichnet, dass sich in der Stadt eine der bedeutendsten Ausstellungen von Taschen- und Armbanduhren vom ausgehenden Mittelalter bis zur Gegenwart befindet. Mehr als 1000 Objekte werden gezeigt.

🏛 Deutsches Museum Nürnberg – Das Zukunftsmuseum ➡ aB3
Augustinerhof 4, Nürnberg
www.deutsches-museum.de/nuernberg

Das neue Zukunftsmuseum in Nürnberg

Das im Herbst 2021 eröffnete Museum setzt sich damit auseinander, wie wir Menschen in den nächsten Jahrzehnten leben werden. Dabei werden nicht nur technische, sondern auch moralische Fragestellungen erörtert.

1 **Burg** ➔ aA3
Auf der Burg 17, Nürnberg
✆ (09 11) 244 65 90
www.kaiserburg-nuernberg.de
Palas mit Doppelkapelle und Kaiserburg-Museum ganzjährig, mit Eintritt
Burggarten und Maria Sibylla Merian-Garten im Winter geschl., Eintritt frei
Die Nürnberger Burg gehört zu den geschichtlich und baukünstlerisch bedeutendsten Wehranlagen Europas. Sie entstand in drei unterschiedlichen Bauphasen, zunächst als Königsburg der Salier in der ersten Hälfte des 11. Jh. im romanischen Stil, dann um 1200 als stau-

Wahrlich imposant: die Kaiserburg in Nürnberg

Hinter dicken Bastionsmauern verbirgt sich der Burggarten

fische Kaiserburg im romanischen Stil und schließlich im 15. Jh. mit Um- und Erweiterungsbauten im gotischen Stil. Von 1050 bis 1571 residierten alle römisch-deutschen Kaiser zumindest zeitweise in der Kaiserburg. Heute kann man dort die Kaiserzimmer im Palas, die romanische Doppelkapelle, den Tiefen Brunnen mit einem Brunnenschacht von 47 m, den Sinnwellturm und eine Ausstellung von Waffen und Geräten besichtigen. Außerdem stehen der Burggarten und an zwei Tagen der Woche der Maria Sibylla Merian-Garten für Besucher offen. Das im Sinnwellturm nistende Wanderfalkenpaar lässt sich auch von zu Hause über die Livecam beobachten: www.lebensraum-burg.de/Wanderfalke/Webcam.

Felsengänge ➡ aA3
Bergstr. 19, Nürnberg
✆ (09 11) 244 98 59
www.historische-felsengaenge.de
Unterirdische Führung durch die weitläufige Felsenkelleranlage Nürnbergs, in der früher vor allem Bier gelagert wurde.

Die Frauenkirche am Hauptmarkt beeindruckt mit ihrem Dreiecksgiebel

Frauenkirche ➡ aB4
Hauptmarkt, Nürnberg
frauenkirche-nuernberg.de
Eintritt frei
Die Kirche wurde auf Geheiß von Kaiser Karl IV. zwischen 1352 und 1362 auf dem Platz der ehemaligen Nürnberger Synagoge erbaut. Die jüdischen Einwohner der Stadt wurden im Vorfeld des Kirchenbaus verfolgt und vertrieben. Im Dezember 1349 kam es zu einem Pogrom – man gab den Juden die Schuld an der Verbreitung der Pest –, bei dem über 500 Juden getötet wurden, die Synagoge wurde geschändet und abgerissen.

Im Inneren der Kirche befinden sich eine ganze Reihe von bemerkenswerten Kunstschätzen, von denen jedoch viele ursprünglich für einen anderen Ort geschaffen worden waren, so auch der Tucheraltar von 1445 und das Sandstein-Epitaph von Adam Kraft (um 1500), die beide im Augustinerkloster St. Veit standen.

Hinter dem Brunnen auf dem Tiergärtnerplatz ist der Eingang zum Historischen Kunstbunker zu erkennen (orangebeige)

Historischer Kunstbunker ➡ aA3
Eingang Obere Schmiedgasse 52
museen.nuernberg.de/kunstbunker
In alten Felsengewölben direkt unter der Nürnberger Kaiserburg lagerten die Nationalsozialisten im Zweiten Weltkrieg wertvolle Kunstschätze. Die überstanden dort in bis zu 24 m Tiefe unbeschadet den Bombenhagel.

Im Herzen der Stadt

Frauenkirche und Schöner Brunnen

Nürnberg, Bayern

Nachdem Synagoge und Ghetto mitten in der Sebalder Altstadt 1349 auf Anordnung Karls IV. zum Abriss freigegeben worden waren – damit einher ging die Ermordung von über 500 Nürnberger Juden –, stiftete Karl 1355 die heute älteste gotische Hallenkirche Frankens; errichtet wurde sie von Meister Peter Parler, der zeitgleich in Prag für den Bau des Veitsdoms verantwortlich war. In dieser Kirche wollte Karl, der 1356 zum Kaiser gewählt wurde, die Reichskleinodien, Zeichen seiner Macht, aufbewahren lassen.

Die wuchtig wirkende Schaufront mit ihrem Dreiecksgiebel, gekrönt von einem Glockenturm mit Haube, öffnet sich nach Westen hin zum Hauptmarkt. Am Westgiebel ist eine Kunstuhr angebracht, vor der eine Figur des Kaisers thront. Jeden Mittag Schlag zwölf tritt eine Reihe weiterer Figuren aus der Uhr und verneigt sich vor dem Kaiser. Das sogenannte Männleinlaufen, so der Name sowohl für das tägliche Schauspiel wie für die Uhr selbst, zieht eine Menge Schaulustiger an.

In der Mitte oberhalb des Doppelportals thront Maria, ihr zur Seite Heilige und Propheten. Von der mit Wappen geschmückten Brüstung ließ Karl IV. anlässlich der Taufe seines Thronfolgers Wenzel 1361 dem Volk die Reichskleinodien präsentieren.

Der dreiflüglige Tucher-Altar im Chor, gemalt um 1440, gehört zu den wertvollsten Stücken der Innenausstattung. Hinzu kommen zwei Meisterwerke des Bildhauers Adam Kraft: das Pergenstorffer Epitaph mit Maria als Schutzmantelmadonna (um 1498) und das Rebeck'sche Epitaph mit der Krönung Mariens (um 1500).

Vor der Frauenkirche in der nordwestlichen Ecke des Platzes steht der gotische Schöne Brunnen, um 1385 in Auftrag gegeben. Die 19 Meter hohe, achteckige, gestufte Steinpyramide mit ihrem reichen Figurenschmuck ist eine der Hauptsehenswürdigkeiten der Stadt und Sinnbild ungebrochenen Bürgerstolzes. Ganz oben stehen Moses und sieben Propheten. Auf den Stufen darunter sieht man u. a. die Evangelisten, vier Kirchenväter und die sieben Kurfürsten. Sie alle symbolisieren die geistliche und staatliche Ordnung des Heiligen Römischen Reiches.

Info: In der Altstadt am Hauptmarkt gelegen. **Info Frauenkirche & Schöner Brunnen:** frauenkirche-nuernberg.de, kostenlose Führungen.

Frauenkirche in Nürnberg mit dem »Männleinlaufen« über dem Hauptportal

Der gotische Bau der Lorenzkirche

Lorenzkirche ➡ aC4
Lorenzer Platz, Nürnberg
✆ (09 11) 214 25 00, lorenzkirche.de
Eintritt frei
Mitte des 13. Jh. begann man über den Resten einer kleinen Kapelle mit dem Bau der Lorenzkirche, die Um- und Erweiterungsarbeiten zogen sich bis weit ins 15. Jh. Im Zweiten Weltkrieg wurde die Kirche am 10. August 1943, dem Laurentiustag, dem Tag ihres Schutzheiligen, von Bomben getroffen und erheblich zerstört. Da viele Kunstwerke damals bereits ausgelagert waren, kann das nach dem Krieg wiederaufgebaute Gotteshaus mit einer ganzen Reihe bedeutender Meisterwerke aufwarten. Allen voran »der Engelsgruß« von Veit Stoß (ca. 1447–1553) und das Sakramentshaus von Adam Kraft (ca. 1455–1509), ein rund 20 m hohes und 3,5 m breites Tabernakel. Der aus Lindenholz geschnitzte Engelsgruß zeigt den Erzengel Gabriel, wie er der Jungfrau Maria verkündet, dass sie den Sohn Gottes gebären wird. Die Darstellung ist von einem Rosenkranz und sieben Medaillons eingerahmt, die Szenen aus dem Leben Christi und Marias zeigen. Über allem thront Gott, während unten die verführerische Schlange dargestellt ist.

Pellerhaus Innenhof ➡ aA4
Egidienplatz 23, Nürnberg
✆ (09 11) 23 11 52 57
www.altstadtfreunde-nuernberg.de
Eintritt frei
Der prächtige Hof des bedeutenden Bürgerhauses der Renaissance ist in großen Teilen schon wiederaufgebaut.

Schöner Brunnen ➡ aB4
Hauptmarkt, Nürnberg
Zwischen 1385 und 1396 (vermutlich) von Heinrich Beheim erbaut, symbolisiert der Schöne Brunnen mit seiner Pyramidenform das theozentrische Weltbild des Mittelalters. Im Laufe der Jahrhunderte musste der Brunnen immer wieder restauriert werden, heute steht eine Kopie vom Anfang des 20. Jh. auf dem Hauptmarkt. Die verwitterten Fragmente des alten Brunnens kann man im Germanischen Nationalmuseum sehen.

Sebalduskirche ➡ aB3
Winklerstr. 26, Nürnberg
✆ (09 11) 214 25 00
sebalduskirche.de
Eintritt frei
Im 13. und 14. Jh. erbaut, zählt die dem Stadtheiligen geweihte Kirche zu den wichtigsten Gotteshäusern Nürnbergs. Im Inneren befinden sich gleich mehrere bedeutende Kunstschätze, zuvorderst das Grabmal des Stadtpatrons Sebaldus, das der berühmte Bildhauer Peter Vischer d. Ä. 1508–19 schuf. Ebenfalls sehenswert sind die Schnitzarbeiten von Veit Stoß, so die Statue des Apostels Andreas. Von den größtenteils im Original erhaltenen Bleiglasfenstern im Hallenchor gehen einige

Die Sebalduskirche ist die älteste Pfarrkirche Nürnbergs

Im Tucherschloss entdecken die Besucher die Welt der Nürnberger Handelsfamilien im 16. Jahrhundert

auf Entwürfe von Albrecht Dürer zurück. Bekannt ist das Kaiserfenster, das Kaiser Maximilian I. 1514 gestiftet hat und das neben ihm selbst u. a. seine Gemahlin Maria von Burgund, seinen Sohn Philipp den Schönen und dessen Frau Johanna die Wahnsinnige – ein Beiname, den die Königin von Spanien übrigens zu Unrecht trägt – zeigt.

Tucherschloss ➡ aA5
Hirschelgasse 9–11, Nürnberg
✆ (09 11) 231 54 21
museen.nuernberg.de/tucherschloss
Im zwischen 1533 und 1544 errichteten Tucherschloss werden Kunsthandwerk, Möbel, Tapisserien und Gemälde vom 15. bis zum 19. Jh. ausgestellt.

Café Bar Wanderer ➡ aA3
Beim Tiergärtnertor 2–6, Nürnberg
✆ (0162) 395 82 20
www.cafe-wanderer.de
Wer in Nürnberg von Bier spricht, meint den Wanderer – zusätzlich zur langen Getränkekarte werden jede Woche neue Biersorten vorgestellt. Hier gehen Einhei-

mische und Touristen auf eine bierige Deutschlandreise. Das Essen dient nur dazu, um dem Bier eine gute Unterlage zu bieten, im Angebot sind Würste und Brezen. Der Kaffee schmeckt übrigens auch ausgezeichnet. €

KonTiki ➡ aB3
Untere Wörthstr. 10–14, Nürnberg
www.kontiki-nuernberg.com
Cocktailbar mit Wasserblick. Angeblich kommen hier auch manchmal die Spieler des 1. FC Nürnberg vorbei. Das Essen: Känguru, Strauß oder Barramundi machen dem Namen des Lokals alle Ehre – es geht ans andere Ende der Welt. €€

Ausflugsziel:

Nürnberger Land ➡ E/F7–9
Wer sich nach der Stadtbesichtigung nach etwas Natur sehnt, macht einen Ausflug ins Nürnberger Land mit den zentralen Orten **Lauf** ➡ E8, **Hersbruck** ➡ E8, **Altdorf** ➡ F8 und **Röthenbach** ➡ E7/8. Hier finden Wanderer ideale Bedingungen – 2000 km Wanderwege durchziehen den Landkreis. Der **Dünenwanderweg** oder der **Frankenalp Panoramaweg** führen zu bizarren Felsformationen und spektakulären Aussichtspunkten. Die kleine Tour durch die **Schwarzachklamm** erinnert fast ein wenig an die Alpen und der Ausflug zur **Maximiliansgrotte** bringt einen in eine unterirdische Traumwelt. Radfahrer können aus einem Wegenetz von mehr als 1000 km die besten Strecken auswählen. Eine Mischung aus Entspannung und Anstrengung verspricht der **Fünf-Flüsse-Radweg**. Er ist insgesamt 300 km lang und führt weit über den Landkreis hinaus, kann aber auch problemlos auf Teilstrecken beradelt werden. Doch auch kulturell hat man auf dem Land einiges zu bieten, u. a. die **Kaiserburg Lauf** ➡ E8, die **Burg Hohenstein** ➡ E8 oder die **Festung Rothenberg** ➡ E8. **Lichtenegg** ➡ E8/9 mit seiner Burgruine ist auch ein guter Ausgangspunkt für Wanderungen.

Nürnberger Land Tourismus ➡ E8
Waldluststr. 1, 91207 Lauf an der Pegnitz
✆ (09 123) 950 60 62
urlaub.nuernberger-land.de

In der Schwarzachklamm, gut 20 Kilometer südöstlich von Nürnberg

Fränkischer Dünenweg
Sandige Wandermomente

Ein Dünenweg mitten in Deutschland, genauer gesagt im grünen Nürnberger Land – wie kann das sein? Wer bei Dünen nur an flirrende Hitze und rauschendes Meer denkt, der irrt. Vor weit über 10 000 Jahren haben während der letzten beiden Eiszeiten heftige Stürme unweit von Nürnberg mächtige Sanddünen aufgetürmt und so eine Landschaft der besonderen Art geformt.

Waren sie damals ausgetrocknet oder gefroren, haben sich Flüsse und Bäche heute neue Wege gesucht. Die sandigen Dünen sind größtenteils bewachsen und bilden eine reizvolle Landschaft, die unterschiedliche Vegetationsbereiche wie Silbergrasflure, Heidekraut, Besenginster-Gebüsch und lichte Kiefernwälder bietet. Von karg bis romantisch beherbergt die empfindliche Natur hier eine seltene und schützenswerte Flora und Fauna. Hochspezialisierte Pflanzen und seltene Lebenskünst-

Unterwegs auf dem Fränkischen Dünenweg

REISEBLOG
Franken

ler, wie beispielsweise die blauflügelige Ödlandschrecke, der Ziegenmelker oder die Goldwespe, sind von den wenigen verbliebenen Sandflächen abhängig.

Auf einer Rundstrecke von insgesamt 90 Kilometern begleiten die Hinweisschilder »Fränkischer Dünenweg« Genusswanderungen zwischen Pegnitz- und Schwarzachtal. Der Weg ist aufgeteilt in fünf unterschiedliche Touren, wobei jede Etappe ihren ganz eigenen Reiz offenbart. Am Wegesrand liegen auch kulturelle Highlights wie das Universitätsmuseum Altdorf und das Heimatmuseum Rückersdorf oder imposante Burganlagen und Orte mit historischem Stadtkern. Sandsteinschluchten, verwunschene Brücken, rauschende Flusstäler und sonnendurchflutete Kiefernwälder auf weichem Sand warten hinter jeder Biegung darauf, entdeckt zu werden.

Ein kleiner Abstecher führt bei Etappe 5 von Feucht nach Altdorf zum Kreislehrgarten in Burgthann-Ezelsdorf. Von April bis Oktober erfahren Besucher in einem speziell angelegten Sandbiotop Wissenswertes über die besondere Flora und Fauna im sandreichen Nürnberger Land.

Auf dem Fränkischen Dünenweg lässt sich ein Wanderurlaub ohne Auto hervorragend realisieren, denn Start- und Zielpunkte aller fünf Wanderstrecken sind mit öffentlichen Verkehrsmitteln bequem zu erreichen. Für jene, die es lieber etwas kürzer mögen: Jede Etappe für sich ist eine gemütliche Tagestour. Abwechslungsreich, hervorragend beschildert und von hohem landschaftlichen Erlebniswert sorgt der Dünenweg für ein Wandervergnügen der sandigen Art. Zur reizvollen Natur gesellen sich traditionelle Kultur und fränkische Küche. Genuss für alle Sinne.

Rücksichtsvolles Verhalten zum Schutz des fragilen Ökosystems »Fränkische Dünen und ihre seltenen Bewohner« sollte selbstverständlich sein. Weite Teile der Sandflächen stehen unter Naturschutz, um den einzigartigen Lebensraum unter schwierigen Standortbedingungen zu sichern.

Informationen unter:
urlaub.nuernberger-land.de
www.frankentourismus.de/wege/fraenkischer_duenenweg-885

***Gut zu wissen:** Historische und zeitgenössische Imkergeräte, Wissenswertes zu Honig und Bienen erwartet Besucher im Zeidelmuseum – dem fränkischen Imkermuseum in Feucht.*

***Insidertipp:** Ob gemütliche Pensionen, Gasthäuser oder Hotels, Übernachtungsmöglichkeiten liegen ebenso am Weg wie kulinarische Gastgeber, die zu einer stärkenden Einkehr laden. Einzig, was ich nicht finden konnte, war ein Gepäcktransport für meine wunderschöne Wanderwoche.*

Romantisch: Im Schloss Mespelbrunn finden standesamtliche Trauungen statt

Märchenhafte Landschaft
Wald und legendäres Räuberpack

Ob in der Geschichte »Das Wirtshaus im Spessart« von Wilhelm Hauff, die in den 1950er Jahren mit Liselotte Pulver und Carlos Thompson verfilmt wurde, oder in Friedrich Schillers »Die Räuber«: Es waren immer Reisende, die in die Fänge der legendären Spessarträuber gerieten. Vielfältige Handelswege, aus denen die Landesherren Zolleinnahmen generierten, durchzogen den mystischen Wald des Mittelgebirges. Es konnte gefährlich sein, die schier endlos scheinenden Laubwälder des Spessart-Mainlands zu durchqueren: Düstere Gestalten trieben hier ihr Unwesen und geisterten durch die Erzählungen der Bauern und Waldarbeiter. Wahre Berichte von den (Un)taten der Räuber im Spessartwald, dem Räuberwald, wurden ausgeschmückt mit manch gruseligem Detail, frei Erfundenes kam hinzu. In Form von Märchen und Erzählungen wurden die Geschichten für die Nachwelt festgehalten.

Gut zu wissen: Die Sprache der Räuber, das Rotwelsch, war seit dem 14. Jahrhundert die Sprache der Nichtsesshaften und wurde vornehmlich unter Gaunern gepflegt. Auch die Begriffe »Schmiere stehen« für Wache halten oder »stromern« für herumziehen entstammen dieser Zeit.

Heute ist es der »Räuberstempel«, der auf den ersten Blick offenbart, dass Gäste im Spessart Opfer des

»elenden Räuberpacks« geworden sind. Seit über 35 Jahren gehen hier nämlich Freizeiträuber mit viel Leidenschaft auf Beutezug. Mitten in der reichen Kulturlandschaft des Spessarts, die der Main als ehemaliger »nasser Limes« zwischen Großkrotzenburg und Bürgstadt sogar zum UNESCO-Weltkulturerbe hat werden lassen, treiben die Räuberbanden auch jetzt noch ihr – genussvolles – Unwesen (telefonisch oder online zu buchen, vgl. unten).

Dem realen Geschehen hingegen fehlte jegliche Räuberromantik. Bis 1815 konnten die echten Räuber aufgrund der zersplitterten Herrschaftsbereiche im Spessart noch ziemlich unbehelligt ihr Unwesen treiben. Nach der Neuordnung der Territorien beim Wiener Kongress war dann allerdings schnell Schluss mit der Räuberei. Zumindest bis 1958 der Komödienklassiker »Das Wirtshaus im Spessart« gedreht wurde. Daran angelehnt ist das amüsante Theaterkurzprogramm des Spessarträuber-Überfalls, erstellt durch eine Gruppe aus Laienschauspielern und zu erleben auf dem Weg zur Hohen Warte, aber auch an Originalschauplätzen wie dem Mespelbrunner Wasserschloss oder bei privater Buchung am gewünschten Ort.

Und während sich so manchem Gefangenen durch bekömmlichen Kräuterschnaps die Zunge für seine Lebensbeichte lockert, wartet Räubergesang als Folter, bevor alle – hoffentlich – wohlbehalten in der Waldgaststätte HoheWart-Haus Spanferkel und Bier genießen.

Auch abgesehen vom Räuberhauptmann und seiner Bande ist die Region märchenhaft abwechslungsreich. Ob Wanderungen auf zertifizierten Wegen, vorbei an Schlössern wie dem romantischen Wasserschloss Mespelbrunn, Paddeltouren auf Saale, Sinn und Main durch idyllische Flusstäler oder Degustationen auf den Spuren samtiger Rotweine – Kultur und Gaumenfreuden werden im Spessart großgeschrieben.

Die Mespelbrunner Spessarträuber ➡ C/D2
✆ (0171) 780 90 83 (Buchung, Günther Köstler, Räuber-Hotline)
www.mespelbrunner-spessartraeuber.de
Termine nach Absprache
Die »Spessarträuber-Überfälle« finden in der Regel in der Nähe der Waldgaststätte Hohe-Wart-Haus statt.

Insidertipp: Sinnbild für die Spessartromantik ist das im Renaissancestil erbaute Wasserschloss, das sich im Privatbesitz der Familie »Grafen von Ingelheim genannt Echter von und zu Mespelbrunn« befindet. Der Nordflügel ist zu besichtigen, den Südflügel bewohnt die gräfliche Familie.

Wald satt finden Besucher im Spessart

Der »Berg der Franken«
Die Querkele am Staffelberg

Gut zu wissen: Der Begriff Querkele kommt vom althochdeutschen »Getwerg«, also Zwerg. Solche hilfreichen Wesen tauchen in vielen deutschen Regionen unter unterschiedlichen Namen wie Heinzelmännchen, Klabautermann oder Wichtel auf.

Zu den bekannten Highlights der fränkischen Region Obermain-Jura zählen das barocke Kloster Banz, die Basilika Vierzehnheiligen sowie der Staffelberg.

Über den Bergkuppen und Felsformationen, vom Jurameer geformt, thront hoch auf dem Gipfel des »Bergs der Bayern« über der Adam-Riese-Stadt Bad Staffelstein und der weiten Mainebene die rot-weiße fränkische Flagge. Eine fast schon mystische Faszination übt die markante Felskrone des Hochplateaus aus. Doch nicht nur landschaftlich markant, sondern auch Zeuge einer langen Siedlungsgeschichte ist die Kulturlandschaft »Gottesgarten«, wie der Landstrich, der sich mit malerischen Dörfern, bunten Obstwiesen und munteren Bächen als ein riesiger Landschaftspark ausbreitet, genannt wird. Keltische Keramikscherben berichten noch heute von der Zeit, als vor über 2000 Jahren die Kelten den 539 Meter aufragenden Staffelberg besiedelten. Ob die geheimnisvollen, kleinen Querkele damals ebenfalls in dieser genussvollen Wanderregion ansässig waren?

Vom Staffelberg eröffnet sich ein weiter Ausblick

REISEBLOG
Franken

Der Frankenweg passiert Bad Staffelstein

Für die wärmste und stärkste Thermalsole Bayerns ist Bad Staffelstein berühmt. Weniger bekannt ist, dass auf gut 10 000 Einwohner zehn Brauereien kommen. So befindet sich am Fuße des Staffelbergs Bayerns höchste Brauereidichte und vielfältige bierige Erlebnisse erwarten die Besucher. Ob Bierdiplom, Bierbraufest, Brauereitouren auf Wander- und Radwegen – die Region lebt ihre Biertradition.

Ob es Zufall ist, dass mir ausgerechnet im Staffelberg-Bräu, einem fränkischen Wirtshaus, in dem mit eigenem Bergquellwasser gebraut wird, die Sage der Querkele vom Staffelberg erzählt wird?

Kleine, geheimnisvolle Wesen wohnten tagsüber in den noch heute sichtbaren Höhlen am Staffelberg, von dem sie zur Nacht hinabstiegen, um den Menschen zu helfen. Die Leibspeise der gern gesehenen Helferlein, die sich auf heilsame Pflanzen verstanden, waren die fränkischen Klöße, die sie als Dank für ihre fleißig geleistete Arbeit erhielten. Traurigerweise enthielten ein paar geizige Bürger den Querkeles ihren Lohn vor, was diese so erzürnte, dass sie den Staffelberg verließen und im Banzer Wald auf der anderen Mainseite auf Nimmerwiedersehen verschwanden. Vor dem Eingang der Obermaintherme in Bad Staffelstein wurde ihnen ein Brunnen als Denkmal gesetzt.

Insidertipp: Knapp 90 Kilometer entfernt von Bad Staffelstein kann man sich im Helmbrechtser Ortsteil Haide auf einem zwölf Kilometer langen Rundwanderweg auf die Spuren der kleinen Wesen begeben. Doch Vorsicht ist geboten, da sie gern allerlei Schabernack mit ahnungslosen Wanderern treiben.

P Wanderparkplatz zum Staffelberg ➡ C7
Romansthal 19, Bad Staffelstein
Gebührenfrei

Bad Berneck
Dendrologischer Weltwald

Insidertipp: Inmitten von rund 1300 Wildarten des bunten Rhododendrons steht der Rother-Obelisk – besonders im Mai zur Blütezeit ein magischer Ort ist.

Auf einem ehemaligen Bergbaugelände am Ortsrand von Bad Berneck liegt der Dendrologische Garten, im Volksmund auch als Rotherspark bezeichnet. Jeden Naturliebhaber erwartet dort ein besonderes Zeitzeugnis der Gartenkunst. Dendrologie, die Wissenschaft von Bäumen und Gehölzen, wird in Bad Berneck mit seltenen und zum Teil über 100 Jahre alten Baum- und Straucharten sichtbar.

Der Stofffabrikant und Gönner der Stadt Wilhelm Rother kaufte 1861 die Schutthalde des bis 1841 aktiven Alaunschieferbergwerks »Beständiges Glück«. Sein Ziel war es, einen der Öffentlichkeit zugänglichen Landschaftspark mit Bäumen und Gehölzen aus aller Welt anzulegen. Von zahlreichen Weltreisen brachte Rother damals exotische Baum- und Strauchsamen mit und machte durch Pflanzungen bis 1891 den Park zu einem botanischen Kleinod.

Im Oktober 1796 testete Alexander von Humboldt – der zu dieser Zeit als Oberbergmeister unter anderem auch in Berneck arbeitete – seinen selbst entwickelten Lichterhalter. Diese Grubenlampe sollte unter schwierigsten Luftbedingungen zuverlässig leuchten und die Sicherheit der Bergleute erhöhen. Humboldt suchte bewusst das Bernecker Bergwerk auf, weil dieses für

Im Dendrologischen Garten von Bad Berneck erfahren Besucher viel über Baum- und Straucharten

REISEBLOG
Franken

Der Rother-Obelisk ehrt Wilhelm Rother, den Gründer der Anlage

seine schwierigen Sauerstoffverhältnisse und giftigen Gase bekannt war. Der Versuch endete in einer raschen Ohnmacht von Humboldt. Glücklicherweise konnte dieser in letzter Sekunde gerettet werden. Als er vor dem Stolleneingang wieder zu sich kam und erkannte, dass die Lampe noch leuchtete, sprach er die berühmten Worte: »Das war wohl der Ohnmacht wert.«

Heute noch kann man den rekonstruierten Stolleneingang sowie einen offengelegten Lichtschacht inmitten des Parks besichtigen. Im Park selber befinden sich mit Moltke-Linde, Geschlitztblättriger Hainbuche und Orientalischer Fichte drei deutsche Rekordbäume. Weitere besondere Bäume sind z. B. Gurken-Magnolie, Sawara-Scheinzypresse, Zerreiche, Riesen-Lebensbaum oder Douglasie – meist über 100 Jahre alt.

Mit dem Thiesenring führt einer der beliebtesten und abwechslungsreichsten Wanderwege des Fichtelgebirges durch den Dendrologischen Garten. Bad Berneck besitzt mit seinem Kurpark noch eine weitere sehenswerte Parkanlage.

Gut zu wissen: Im Dendrologischen Garten steht Deutschlands dickste Moltke-Linde mit einem Stammumfang von 3,22 Metern und einer Höhe von 45 Metern. Sie ist ein Hybrid aus der Amerikanischen Linde und der Hänge-Silberlinde.

Dendrologischer Garten ➡ C9
Maintalstr. 129, Bad Berneck
✆ (092 73) 57 43 74, www.badberneck.de
Frei zugänglich

Bei Wunsiedel erwartet die Spaziergänger ein Labyrinth aus Granit: Felsen …

Gut zu wissen: Granit stammt vom lateinischen Wort granum (Korn). 39 Prozent der Fläche des Fichtelgebirges besteht aus diesem charakteristischen Gestein. Da es bei seiner natürlichen Abtragung der Witterung heftigen Widerstand entgegensetzt, entstehen faszinierende Felsformationen.

Insidertipp: Rätselspaß für die ganze Familie bietet eine Rallye mit zwölf Aufgaben. Kleine und große Forscher schauen genau hin, erkunden und erhalten für das richtige Lösungswort eine kleine Überraschung.

Felsenlabyrinth Luisenburg
Ein Paradies aus Granit

Mystisch wabern die Nebelschwaden durch zerklüftete Granitfelsen. Enge Spalten, moosige Stufen, tolle Ausblicke – und das Gefühl, ständig unter Beobachtung zu stehen. Ein Streifzug durch das größte Felsenlabyrinth Europas ist immer ein kleines Abenteuer. Je nach Lichtstimmung und Jahreszeit wirkt das Paradies aus Granit wie aus einer anderen Welt. Man würde sich nicht wundern, hinter der nächsten Ecke Kobolde und kleine Feen anzutreffen. Vielleicht sind sie es, die einen beobachten?

Faszinierend schön sind die riesigen Felsblöcke, die Höhlen und Schluchten einen passenden Rahmen bieten. An Ecken, an denen dies schier unmöglich erscheint, krallen Bäume ihre Wurzeln in das gigantische Granitsteinmeer. Kaum verwunderlich also, dass sich berühmte Persönlichkeiten wie Königin Luise und Johann Wolfgang von Goethe hier haben inspirieren lassen. In Felsen geritzte Inschriften zeugen davon.

Ein eigens angelegter Rundweg, der farblich markiert ist und auf einer Strecke von ca. 1,4 Kilometern

REISEBLOG
Franken

100 Höhenmeter überwindet, ermöglicht eine imposante Reise durch das Labyrinth.

Geologisch betrachtet beginnt die Geschichte des Fichtelgebirges vor etwa 750 Millionen Jahren (zum Vergleich: Die Erde entstand vor ca. 4500 bis 5000 Millionen Jahren) und es war damals deutlich höher als die Alpen. Gewaltige Kräfte, wie die Variszische Faltung, legten die erst etwa 330 Millionen Jahre alten Granitsteinformationen frei. Verwitterung und Erosion taten ihr Übriges und formten diese eindrucksvolle Naturkulisse unweit von Wunsiedel. Im 18. Jahrhundert legte der Mensch Hand an und schuf durch massive Sprengungen den heute acht Hektar großen Landschaftsgarten Luisenburg.

Bürgerlicher Landschaftsgarten – Felsenlabyrinth Luisenburg ➡ C10
Luisenburg 2 A, Wunsiedel
✆ (092 32) 56 73
wunsiedel.de
Ende Nov. bis Mitte März Winterpause
Erlebnisführungen und geologische Touren

Gut zu wissen: Eine Entdeckungsreise in grüne Paradiese lohnt im facettenreichen fränkischen Gartenland. Jeder Landstrich hat seine eigene Gartenkultur. Wildromantische Felsenparks, markgräfliche Schlossgärten, weitläufige Kurparks und romantische Stadtparks voller Blumen bieten Oasen der Ruhe.

... und noch mehr Felsen

Liebliches Taubertal
Weinkellerkunst mit Musik

Gut zu wissen: Ein kulinarisches Weltmonopol hält die Region Liebliches Taubertal für den vielseitig verwendbaren Grünkern. Seit über 300 Jahren wird das kerngesunde Korn des Dinkels, im westlichen Taubertal milchreif geerntet und rauchzart geröstet.

Wo Wein wächst, wird gern und gut gegessen – und so ist das liebliche Taubertal ein Füllhorn der Genüsse.

Mit Früchten von den heimischen Streuobstwiesen werden frische Säfte gekeltert und zahlreiche Geist- und Edelobstbrände hergestellt. Neben Spitzenweinen und Sekt bereichern auch hochwertige Biere, gern mit spezieller Taubergerste gebraut, das flüssige Angebot der Region.

Ebenso verwurzelt im Taubertal wie die Heckenwirtschaft und heimelige Weinstube ist Heinz Theobald, der letzte Fassbodenschnitzer Deutschlands. Seit 1977 befasst sich der studierte Betriebswirt mit dem Handwerk der Holzbildhauerei. Eine Kunst, die schon vor über 1000 Jahren von den Mönchen im Kloster Bronnbach ausgeübt wurde. Auch Tilmann Riemenschneider, der berühmte Bildhauer und Kunstschnitzer, war lange Zeit im Lieblichen Taubertal und in Würzburg tätig.

Als dessen Nachfolger begreift sich Heinz Theobald jedoch nicht. Vielmehr kombiniert der Hardrock-Fan innovativ eine tief im Taubertal verwurzelte Tradition mit Musik. Rhythmisch pocht der Klüpfel auf den Geißfuß, der im Takt weiche Konturen aus glatten Holzflächen schält. Kunstvoll und mit viel Sorgfalt verziert Theobald riesige Eichenfässer, beispielsweise für die Würzburger Hofkellerei, doch auch Privatpersonen

Im Taubertal lockt auch das idyllische Städtchen Rothenburg ob der Tauber

REISEBLOG
Franken

Die sanften Hänge des Taubertals

geben individuelle Tafeln und Fassböden bei ihm in Auftrag. Von seiner Werkstatt in Lauda-Königshofen führt ihn seine Arbeit regelmäßig in moderne Vinotheken, zu Winzergenossenschaften, aber auch in kultige Landgasthöfe. Langweilig wird dem umtriebigen Handwerker nicht. Auf Anfrage bietet er Schnitzkurse mit passendem Rahmenprogramm an.

Unter dem Motto »WoodRock« kombiniert er heimische Wein- und Bierproben mit regionalen Spezialitäten und der passenden Rockmusik. So verrät Theobald: »Zu schweren Rotweinen passen Jimmy Hendriks oder die Stones perfekt.« Für spritzige Weißweine hingegen empfiehlt er Tina Turner.

Heinz A.Theobald ➜ E3
Juliusstraße 6, Lauda-Königshofen
✆ (093 43) 10 45, heinzatheobald.de
Termine für Kurse und Veranstaltungen auf Anfrage

Gut zu wissen: Taubertäler Lämmer liefern durch die Beweidung von Naturschutzflächen einen wichtigen Beitrag zum Arten- und Biotopschutz. Als regionale Spezialität entsteht so qualitativ hochwertiges und edles Fleisch.

Hersbruck war die erste Cittàslow in Deutschland

Cittàslow

Im Zeichen der Schnecke

Hinter dem Namen Cittàslow, langsame Stadt (città für Stadt, slow für langsam), verbirgt sich eine internationale Bewegung, die den bewussten und entschleunigten Umgang mit wichtigen kommunalpolitischen Themen fördert und umsetzt. Als Symbol dient eine orangefarbene Schnecke. Die Mitgliedsorte pflegen überlieferte Traditionen und stehen gleichzeitig für Innovation. Lebensqualität, Nachhaltigkeit und der Mensch stehen im Mittelpunkt. Gefördert werden regionale Produkte und kurze Versorgungswege, kombiniert mit der Entwicklung wertvoller Naturräume und biologischer Vielfalt.

Aus der in Italien aufgekommenen Slow-Food-Bewegung entstanden und 1999 in der Toskana im Ort Greve gegründet, wurde Cittàslow zu einem internationalen Netzwerk. Immer mehr kleinere Orte, vor allem in Europa, entdeckten den langsamen Trend für sich. Hersbruck in Franken wurde 2001 die erste von heute 21 Cittàslow-Städten in Deutschland. So individuell sie auch alle sind, basiert ihr Handeln doch auf geteilten Überzeugungen: urbane Langsamkeit, kombiniert mit Regionalkultur für eine nachhaltig bessere Lebensqualität. Tradition, Heimat und Werte – Begriffe, die alt und fast abgestanden klingen, lassen sich modern inszenieren und leben.

In vier Orten Frankens ist die Langsamkeit der orangenen Schnecke zu Hause. Als erste Cittàslow außerhalb Italiens ist Hersbruck die fränkische Botschafterin der Regionalität. In idyllischer Lage in der Hersbrucker Schweiz überzeugt sie mit einem besonderen Flair, einer Kombination von Historischem und Modernem. Ob das einzige Hirtenmuseum Deutschlands, entspannte Badefreuden in der Fackelmann Therme oder ein virtueller Waldlehrpfad, den man mittels QR-Code entdecken kann – die Auswahl an Entdeckungen ist groß. Regionales und gutes Essen wird in verschiedenen Projekten bereits den Jüngsten schmackhaft gemacht. Wenn Miniköche die tolle Knolle aus der Heimat selbst kochen, bekommt gesundes Essen eine genussvolle Selbstverständlichkeit.

Die Gemeinde Wirsberg, mit 1900 Einwohnern die kleinste deutsche Cittàslow, ist ein renommierter Luft-

REISEBLOG
Franken

kurort im wildromantischen Naturpark Frankenwald. In der ersten »Qualitätsregion Wanderbares Deutschland« stehen neben Brauchtumspflege entspannte Outdooraktivitäten in schöner Landschaft an erster Stelle. Als Mitglied der Genussregion Oberfranken bietet Wirsberg die weltweit meisten Backstuben und Konditoreien, Metzgereien und Brauereien pro Kopf.

Berching im Altmühltal ist ein mittelalterliches Kleinod. Malerisch gelegen im Sulztal ist der anerkannte Erholungsort mit seiner vollständig erhaltenen Stadtmauer aus dem 15. Jahrhundert, den 13 wehrhaften Türmen und vier Stadttoren sehens- und erlebenswert. Prächtige Bürgerhäuser im malerischen Stadtensemble aus dem Mittelalter zeugen von einer langen Kaufmanns- und Handwerkertradition. Ob der Komponist und Opernreformator Christoph Willibald Gluck, der bekannteste Sohn der Stadt, schon die urwüchsige Natur in der Umgebung zu schätzen wusste? Regionale Produkte findet man u. a. im »Grünen Kloster« Plankstetten, das die Produkte aus dem eigenen Bioland-Betrieb in der Klosterschänke und dem Hofladen vertreibt.

2016 schloss sich Spalt, die Hopfen- und Bierstadt am großen Brombachsee, dem Cittàslow-Netzwerk an. »Zeit für Geschmack« ist das Motto des Ortes, der eine »essbare Stadt« werden möchte. Lebendiges Handwerk, traditionelle Brotzeitstuben und eine Reihe genussvoller Feste gehören hier zur entschleunigten Lebensweise. Ein Geheimtipp ist das Museum HopfenBierGut im Kornhaus.

Auch Berching im Altmühltal hat sich der Bewegung angeschlossen

Reiseregionen, Orte und Sehenswürdigkeiten

Unterfranken

Eingerahmt von Spessart, Odenwald, Rhön, Steigerwald und Hassberge entfaltet sich Unterfranken mit seinem Regierungssitz Würzburg. Die Mittelgebirge im Westen und Norden öffnen sich nach Osten hin zur weiten Gäufläche mit fruchtbaren Böden. In der Rhön erhebt sich der 928 Meter hohe Kreuzberg, der »heilige Berg der Franken« als Wallfahrtsziel. Verbindend ist der Main, an dessen steilen Hängen, ebenso wie an seinen Zuflüssen, die Reben für erlesene Tropfen gedeihen. Abgefüllt im Bocksbeutel haben sie die Welt erobert. Der Fluss hat der Region auch ihren Beinamen gegeben: Mainfranken.

Das berühmte Schloss Johannisburg liegt direkt am Main in Aschaffenburg

Die Stiftskirche St. Peter und Alexander ist die älteste Kirche Aschaffenburgs

ASCHAFFENBURG ➡ C1

Die »Pforte zum Spessart«, wie sich Aschaffenburg (71 000 Einwohner) nennt, hat durch die Nähe zu Hessen schon in der Sprache einen besonderen Einschlag. Als Wirtschaftsstandort am Main ist die Stadt der Metropole Frankfurt zugewandt. Im 5. Jahrhundert gegründet, kam Aschaffenburg rasch eine bedeutende Funktion als Verwaltungssitz und Zweitresidenz der Mainzer Fürstbischöfe zu. Spuren hinterließ König Ludwig I. Er ließ 1840 das **Pompejanum**, eine originalgetreu nachgebaute römische Villa, errichten. Im Zweiten Weltkrieg fielen große Teile der Innenstadt dem Bombenhagel zum Opfer. Von der einst prächtigen Stadt zeugen aber noch typische Fachwerkhäuser und die Fabrikantenvillen. Zwischen den Straßen lässt man der Natur mit Parks und Grünanlagen, wie der **Großmutterwies** oder der **Fasanerie**, viel Raum.

Schloss Johannisburg ist das markante Wahrzeichen. Vom Schloss bis zum Rathaus finden sich enge, verwinkelte Gassen, in denen hübsche Fachwerkhäuser und urige Restaurants locken. Ein Blickfang ist das prächtige Portal der Stiftsbasilika **St. Peter und Alexander**. Das Langhaus mit Pfeilerarkaden stammt aus dem 12. Jahrhundert. Mit der »Beweinung Christi« ist das berühmteste Spätwerk von Matthias Grünewald zu sehen.

Aschaffenburg ist mit seinen Theatern, Bühnen und Ateliers auch eine Stadt der Kunst und Kultur.

ℹ Tourist Information ➡ C1
Schlossplatz 2
63739 Aschaffenburg
✆ (060 21) 39 58 00
www.tourist-aschaffenburg.de

Das »Bayerische Nizza« in Franken

POMPEJANUM

Aschaffenburg, Bayern

Am Pompejanum über dem Hochufer des Mains in Aschaffenburg fühlt man sich in die Toskana versetzt. Unten glitzert das Wasser, am Hang wachsen Weinreben, Rankpflanzen winden sich über Pergolen, Feigen und Mandelbäume vervollständigen das südländische Bild.

König Ludwig I. von Bayern (1786–1868) und seine Frau, Prinzessin Therese von Sachsen-Hildburghausen (1792–1854), nutzten das Schloss Johannisburg in Aschaffenburg häufig als Sommersitz. Der dem Mittelmeerraum verbundene Ludwig erschuf sich hier mit dem Schlossgarten und dem Pompejanum sein eigenes »Bayerisches Nizza«. Während seiner Regentschaft betätigte er sich immer wieder als Bauherr, wobei er ganz dem Zeitgeist des Klassizismus verpflichtet war und eng mit dem Architekten Friedrich Wilhelm Gärtner (1791–1847) zusammenarbeitete.

Ideale Nachbildung eines römischen Wohnhauses: das Pompejanum

Nach einer Italienreise, bei der Ludwig die Ausgrabungen des zerstörten Pompeji besichtigt hatte, beauftragte er Gärtner mit dem Nachbau eines römischen Stadthauses, das als lebensnahes Museum konzipiert wurde. Im Sinne der Antikenbegeisterung sollte auch den Menschen, denen der Besuch der Originalstätten nicht möglich war, das Leben im antiken Italien anschaulich gemacht werden. Bei den Wandbemalungen und der Musterung der Mosaikfußböden orientierte man sich an antiken Vorbildern. Die Räume waren mit künstlerischen Nachbildungen von Gebrauchsgegenständen ausgestattet und um ein großes Atrium mit einem Wasserbecken und einem begrünten Innenhof, dem Viridarium, angeordnet. Auch in der Außengestaltung folgte man dem toskanischen Farbenspiel.

Mitte der 1990er Jahre wurde erneut aufwendig restauriert. Heute sind die hier ausgestellten Kunstwerke Originale aus der Römerzeit, weitgehend aus den Antikensammlungen des Landes Bayern. Die zwischen 1840 und 1848 errichtete Villa ist bis heute der einzige Bau dieser Art in Deutschland.

INFO: Aschaffenburg liegt ganz im Nordwesten Bayerns in der Region Unterfranken. **INFO POMPEJANUM:** Pompejanumstr. 5, 63739 Aschaffenburg, Tel. (060 21) 21 80 12, www.schloesser-aschaffenburg.de.

In der Jesuitenkirche wird Kunst der Klassischen Moderne und gefestigter Positionen der Gegenwart gezeigt

Kunsthalle Jesuitenkirche ➡ C1
Pfaffengasse 26, Aschaffenburg
✆ (060 21) 38 67 45 00
www.museen-aschaffenburg.de/Kunsthalle-Jesuitenkirche
Der profanierte Sakralbau dient als Ausstellungsraum für Werke der Klassischen Moderne.

Schönborner Hof ➡ C1
Wermbachstr. 15, Aschaffenburg
✆ (060 21) 38 67 40
www.museen-aaschaffenburg.de/Naturwissenschaftliches-Museum
Das barocke Stadtpalais der Grafen von Schönborn ist schon an sich sehenswert. Das Naturwissenschaftliche Museum stellt die Fauna und Flora, Geologie und Mineralogie des Spessarts in den Mittelpunkt. Auch ein Mineraliengarten ist zugänglich.

Durchblick im historischen Zentrum der Stadt

Stiftsmuseum ➡ C1
Stiftsplatz 1 A, Aschaffenburg
✆ (060 21) 444 79 50
www.museen-aschaffenburg.de/Stiftsmuseum
Der mittelalterliche Stiftsschatz mit seinen wertvollen Objekten aus Silber, Bergkristall und Gold gehört zu den bedeutendsten Schatzkammern in Deutschland. Kernstück ist der berühmte Magdalenen-Altar von Lucas Cranach d. Ä.

Pompejanum ➡ C1
Pompejanumstr. 5, Aschaffenburg
✆ (060 21) 21 80 12
www.schloesser-aschaffenburg.de
Kombiticket mit Schloss Johannisburg erhältlich

Schloss Johannisburg, ein mächtiger Renaissancebau, beherbergt große Kunstschätze

Oberhalb der Stadt ließ König Ludwig I. eine stilisierte Nachbildung eines römischen Wohnhauses bauen. Die Räume sind prachtvoll ausgemalt und mit Mosaikfußböden nach antiken Vorbildern verziert.

Schloss Johannisburg ➡ C1
Schlossplatz 4, Aschaffenburg
✆ (060 21) 38 65 70
www.schloesser-aschaffenburg.de/deutsch/johannisburg
Der vierflügelige Bau aus rotem Sandstein mit einem Turm an jeder Ecke zählt zu den bedeutendsten Bauwerken der deutschen Renaissance. Seit Abschluss der mehrjährigen Sanierung im Jahr 2023 sind auch die Staatsgalerie und die fürstlichen Wohnräume wieder zu besichtigen. Die Staatsgalerie zeigt eine große Sammlung von Gemälden Lucas Cranachs d. Ä., aber auch von Rubens. Das Schlossmuseum beherbergt Kunstwerke aus sechs Jahrhunderten. Kurios: Zu sehen sind auch aus Kork angefertigte Architekturmodelle.

Schloss und Park Schönbusch ➡ C1
Kleine Schönbuschallee 1, Aschaffenburg
✆ (060 21) 62 54 78
www.schloesser-aschaffenburg.de
Der 150 ha große Landschaftspark war einer der ersten englischen Gärten in Deutschland. Das klassizistische Schlösschen im Park liegt auf der Blickachse zum Schloss Johannisburg auf der anderen Mainseite.

Meisterwerk der Spätrenaissance

Schloss Johannisburg

Aschaffenburg, Bayern

Von seinem mittelalterlichen Vorgängerbau steht heute noch der gotische Bergfried, der als fünfter Turm in den gewaltigen Neubau von Schloss Johannisburg integriert wurde. Die vier großen Flügel, entstanden in den Jahren 1605 bis 1614, wurden von Kurfürst Johann Schweikard von Kronberg in Auftrag gegeben und bezaubern nicht zuletzt durch ihre Lage direkt am Mainufer im Zentrum Aschaffenburgs. Baumeister war der Straßburger Architekt Georg Ridinger.

Ende des 18. Jahrhunderts wurde das Innere des Schlosses nach Plänen des Architekten Emanuel Joseph von Herigoyen klassizistisch umgestaltet. Die Regierungsgeschäfte der Mainzer Erzbischöfe und Kurfürsten spielten sich bis 1803 in dem aus Rotsandstein erbauten Schloss ab.

Innerhalb der geschichtsträchtigen Mauern befindet sich die prachtvolle Staatsgalerie Aschaffenburg, die u. a. mit einer der bedeutendsten Cranach-Sammlungen aufwarten kann.

Auch die Schlosskapelle, die man durch ein aufwendig gestaltetes Portal betritt, ist sehenswert. Ihr Altar gilt als Hauptwerk des Spätrenaissance-Bildhauers Hans Juncker und ist zwischen 1609 und 1613 entstanden. Die zahlreichen Reliefs und Alabasterskulpturen werden durch eine Licht-Ton-Installation gekonnt in Szene gesetzt.

Schmuckstücke aus dem Mainzer Domschatz gibt es in der Paramentenkammer und das Städtische Schlossmuseum präsentiert Kunst und Kultur zur Stadtgeschichte.

Architekturfreunde werden nicht nur von der imposanten Schlossanlage begeistert sein, sondern auch von der weltweit größten Ausstellung von Architekturmodellen aus Kork, die zwischen 1792 und 1854 entstanden. Die 45 Modelle stellen überwiegend Bauwerke des alten Rom dar.

Eine gewaltige Vierflügelanlage am Ufer des Mains: Schloss Johannisburg in Aschaffenburg

Nach einer Besichtigung der fürstlichen Wohnräume mit originalen Wohnmöbeln des Erzbischofs sollte man noch einen Spaziergang durch den malerischen Schlossgarten einplanen.

Info: In der Innenstadt von Aschaffenburg nah am Main gelegen. **Info Schloss Johannisburg:** Schlossplatz 4, 63739 Aschaffenburg, Tel. (06 021) 38 65 70, www.schloesser-aschaffenburg.de.

Inbegriff des Spessarts

Schloss Mespelbrunn

Mespelbrunn, Bayern

Ein Schloss mitten im Wasser – wunderschön, selten und dennoch so etwas wie der Inbegriff des Spessarts. Hier vergnügte sich im Jahr 1958 Liselotte Pulver während der Dreharbeiten zum Film »Das Wirtshaus im Spessart«.

Die Trutzburg liegt in einem verschwiegenen Seitental der Elsava, zwischen Frankfurt am Main und Würzburg. Das Gebäude wurde von seinen Besitzern, den Rittern Echter, im 16. Jahrhundert von einer Wasserburg zu einem behaglichen Renaissanceschloss ausgebaut.

Die Eigentümer liebten die Stille der Wälder mehr als die Pracht der fürstlichen Höfe. Das mag vielleicht auch an dem Bann von Kaiser Barbarossa gelegen haben, der die Brüder Echter zu diesem abgeschiedenen Leben zwang.

Wasserschloss Mespelbrunn bei Aschaffenburg

Ein Spross der Echters, Julius Echter von Mespelbrunn, wurde Fürstbischof in Würzburg und Namenspatron des beliebten Biers. Nach Ausbleiben eines männlichen Nachkommen gingen Gut, Wappen und Name an die Grafen von Ingelheim über. Das Wasserschloss ist noch heute Sitz der gräflichen Familie des 2006 verstorbenen unterfränkischen Bezirkstagspräsidenten Albrecht Graf von Ingelheim.

Aufgrund der versteckten Lage überstand das Gebäude alle Kriege unbeschadet und ist in seiner ursprünglichen Form erhalten geblieben. Die Besitzer engagieren sich seit Anfang der 1950er Jahre dafür, das Schloss als Denkmal zu erhalten und gleichzeitig einer breiten Öffentlichkeit zugänglich zu machen. Während der Südflügel von der gräflichen Familie bewohnt wird, steht der Nordflügel Besuchern von April bis November zur Besichtigung offen.

Hier sind der alte Rittersaal und die Schlosskapelle zu bewundern. Eine Sammlung furchterregender alter Schwerter, Armbrüste und Rüstungen ist im Obergeschoss zu sehen, wo die gräfliche Familie bei besonderen Anlässen noch gelegentlich im Festsaal tafelt. Selbst die Büchse und das Pulverhorn des Fürstbischofs Julius Echter liegen hier noch in der Vitrine. Chinesische Vasen zieren die Obergemächer und die Besucher dürfen einen Blick ins historische Schlafzimmer werfen.

Info: Schloss Mespelbrunn liegt in einem Spessarttal zwischen Frankfurt am Main und Würzburg. **Info Schloss Mespelbrunn:** Schlossverwaltung, 63875 Mespelbrunn, Tel. (060 92) 269, www.schloss-mespelbrunn.de.

Filigrane Treppe aus Schmiedeeisen

Ausflugsziel:

Schloss Mespelbrunn ➡ C/D2
63875 Mespelbrunn
✆ (060 92) 269
www.schloss-mespelbrunn.de
Verwunschen wie im Märchen liegt das Wasserschloss versteckt im Spessart, 15 km südlich von Aschaffenburg. Den Grundstein legte Ritter Hamann Echter 1427, der heutige Prachtbau entstand bis 1569 unter Peter Echter, dem Vater des späteren Würzburger Fürstbischofs. Noch immer sind die Erweiterungen zum Renaissanceschloss im Original erhalten. Die Grablege der Echter von Mespelbrunn befindet sich in der Marienwallfahrtskirche Hessenthal, wo auch ein Frühwerk von Tilman Riemenschneider steht.

Der Rittersaal im Schloss Mespelbrunn kann besichtigt werden

BAD KISSINGEN ➡ B4

Kaiserin Sisi und ihr Gemahl Franz Josef kamen zur Kur, ebenso Zar Alexander II., Bismarck und natürlich die bayerischen Könige: Das Staatsbad Bad Kissingen (22 400 Einwohner) hat bereits viele berühmte Gäste gesehen. Seit 1883 darf sich die Stadt, die 823 erstmals urkundlich erwähnt wurde, offiziell »Bad« nennen. Schon im Mittelalter dienten die mineralischen Quellen des Saale-Tals der Gewinnung von Kochsalz. Davon zeugt heute noch das historische Gradierwerk. Die ❷ **Heilquellen** rückten im 16. Jahrhundert immer mehr in den Fokus, die Würzburger Fürstbischöfe schätzten den Badeort im 18. Jahrhundert. Für den Aufstieg zum Kurort mit Weltruhm sorgten die Wittelsbacher.

Das Schlendern im zart duftenden **Rosengarten** mit Blick auf den **Regentenbau** gehört auch heute für die vielen Kurgäste zum Ritual. Rund 250 000 Gäste zählt die Stadt jährlich. Entsprechend prägen die Anlagen zur Gesundheitsförderung das Stadtbild. Die **Wandel- und Brunnenhalle** ist mit 90 Metern die größte in Europa. Der im klassischen Stil errichtete **Arkadenbau** (1838) mit dem Denkmal König Ludwigs davor verströmt mediterranes Flair.

Palmen betonen den mediterranen Charakter des Arkadenbaus im Kurgarten von Bad Kissingen

Ausgezeichneter Kurort

Bad Kissingen

Bad Kissingen, Bayern

Seit Juli 2021 gehört Bad Kissingen wie zehn weitere europäische Kurstädte in sieben Ländern zum UNESCO-Welterbe unter dem Titel »Great Spa Towns of Europe«. Ausschlaggebend für die Auszeichnung war in Bad Kissingen vor allem das Kurgartenensemble mit der Wandelhalle und dem Regentenbau des Architekten Max Littmann (1862–1931), beides herausragende Beispiele für die Baukunst im frühen 20. Jahrhundert. Der 1738 angelegte Kurgarten war der erste außerhalb einer Stadt. Die historischen Einrichtungen zur Siedesolegewinnung und -nutzung machen den Kurort zudem einzigartig.

Auch die Geschichte der 22 000-Seelen-Stadt kann sich sehen lassen. Bereits im 16. Jahrhundert war sie als Kurort bekannt. Der bayerische König Ludwig I. (1786–1868) ließ Bad Kissingen im 19. Jahrhundert entsprechend seiner visionären Stadtplanung ausbauen, woraufhin viele gekrönte Häupter herbeieilten. Es wurde der Kurort des europäischen Hochadels und der Prominenz. Kaiserin Elisabeth von Österreich (1837–1898), Reichskanzler Otto von Bismarck (1815–1898), Russlands Zar Alexander II. (1818–1881) und der Schriftsteller Theodor Fontane (1819–1898) kurten regelmäßig in der Stadt an der fränkischen Saale. Das Heilwasser, das aus mehreren Quellen sprudelt, war schon damals als wohltuend für die Atemwege, bei Erschöpfung und Blutarmut bekannt.

Vor allem Bismarck sorgte für politische Bedeutung. Die Räume seines Wirkens sind bis heute im Bismarck-Museum zu sehen.

Info: Bad Kissingen liegt in Unterfranken, 60 km nördlich von Würzburg. **Info Bad Kissingen:** Tourist Information, Arkadenbau im Kurgarten, 97688 Bad Kissingen, Tel. (09 71) 804 84 44, www.badkissingen.de. **Info KissSalis-Therme:** Heiligenfelder Allee 16, 97688 Bad Kissingen, Tel. (09 71) 121 80 00, www.kisssalis.de. **Info Bismarck-Museum:** Obere Saline 20, 97688 Bad Kissingen, Tel. (09 71) 807 42 30.

Der Grüne Saal im Regentenbau war als Musikzimmer gedacht und wird heute für Veranstaltungen genutzt

Die Fränkische Saale fließt am Kurgarten vorbei

Wunderbar flanieren kann man auch auf der anderen Seite der Fränkischen Saale, die die Stadt durchzieht. Der weitläufige **Luitpold-Park**, ein 15 Hektar großer Landschaftsgarten im englischen Stil, beheimatet das historische **Luitpoldbad** mit dem mondänen Casino.

Tourist Information ➡ B4
Arkadenbau, 97688 Bad Kissingen
✆ (09 71) 804 84 44
www.badkissingen.de

Bismarck-Museum ➡ B4
Obere Saline 20, Bad Kissingen
✆ (09 71) 807 42 30
www.badkissingen.de

Das Quellwasser von Bad Kissingen hat heilende Wirkung

Während seiner 15 Aufenthalte in Bad Kissingen verlegte Reichskanzler Bismarck den Regierungssitz in die Stadt. Die Wohnung ist noch so erhalten, wie er sie verlassen hat, inklusive Interieur.

Museum Obere Saline ➡ B4
Obere Saline 20
Bad Kissingen
✆ (09 71) 807 42 30
www.badkissingen.de
Die Gewinnung von Salz wird in Bad Kissingen seit der Karolingerzeit betrieben. Das Museum blickt auf 1000 Jahre Geschichte rund ums weiße Gold sowie auf die Anfänge und Bedeutung des Heilbads.

KissSalis-Therme ➡ B4
Heiligenfelder Allee 16
Bad Kissingen
✆ (09 71) 121 80 00
www.kissalis.de
Der moderne Wellnesstempel liegt etwas oberhalb der Stadt. Zur Thermenlandschaft mit 1000 m² Wasserfläche gehört auch eine großzügige Saunalandschaft.

Das Brunnenhaus in der Bad Kissinger Wandelhalle

Vom Kreuzberg bietet sich ein traumhafter Ausblick über die Berge der Rhön

BISCHOFSHEIM IN DER RHÖN ➡ A4

Am Fuß des heiligen Bergs der Franken, dem 928 Meter hohen ❸ **Kreuzberg** ➡ A4, liegt Bischofsheim in der Rhön. Als Wallfahrtsziel ist die 1692 fertiggestellte **Klosteranlage Kreuzberg** noch heute beliebt. Auch weil es in der Klosterschänke ein hervorragendes Bier gibt. Darüber sollte man nicht vergessen, am Gipfel bei den drei Kreuzen die Aussicht zu genießen. Diese gehen zurück auf den Frankenapostel Kilian, der der Legende nach im 7. Jahrhundert auf dem Berg ein Kreuz errichtet haben soll.

Durch Bischofsheim (4800 Einwohner), dem Sitz der Berufsfachschule für Holzbildhauer, zieht sich ein Skulpturenweg. Der Ort hat sich zu einem Wintersportzentrum und idealen Ausgangspunkt für Wanderungen im UNESCO-Biosphärenreservat gemausert.

Tourist Information ➡ A4
Kirchplatz 7
97653 Bischofsheim i.d.Rhön
✆ (097 72) 91 01 50
www.bischofsheim.info

Besucherbergwerk am Bauersberg ➡ A4
Am Rothsee, Bischofsheim i.d.Rhön
2 km nördl. der Stadt
✆ (097 74) 91 02 60
Im Winter geschl., Eintritt frei

Die harte Arbeit des Braunkohleabbaus wird im rund 60 m langen, begehbaren Schaustollen Bauersberg am Rothsee dokumentiert. Das Besucherbergwerk zeigt, wie die Braunkohle früher gefördert wurde. Es ist Teil des Biosphären-Infozentrums »Haus der Langen Rhön«.

Ab dem Kloster Kreuzberg führt ein Kreuzweg mit 12 Stationen hinauf zur Kreuzigungsgruppe etwas unterhalb des Gipfels

3 Klostergaststätte Kreuzberg ➡ A4
Kreuzberg 2, Bischofsheim i.d.Rhön
✆ (097 72) 912 40
kloster-kreuzberg.de
Urige Klosterschänke mit Biergarten, selbst gebrautem Bier und deftigen Speisen. €

Ausflugsziele:

Fladungen ➡ A4
Reich mit Schnitzwerk verzierte Fachwerkhäuser und ein schmucker Stadtkern machen den Charme von Fladungen an der Grenze zu Thüringen aus. Einen Besuch wert sind das Freilandmuseum und das Rhönmuseum am Marktplatz.

Naturlehrpfad Schwarzes Moor ➡ A4
Schwarzes Moor 1, Fladungen
✆ (097 74) 91 02 31
www.biosphaerenreservat-rhoen.de
Das Schwarze Moor zwischen Fladungen und Bischofsheim in der Hochrhön ist mit 60 ha Fläche eines der bedeutendsten Moore Europas und gleichzeitig eines der wenigen weitgehend naturnahen Hochmoore. Auf dem Lehrpfad erfährt man auf zahlreichen Tafeln alles über die Entstehung sowie Fauna und Flora. Der Bohlensteg hat eine Länge von 2,5 km.

Bohlenweg über das Schwarze Moor bei Fladungen

HAMMELBURG ➡ C4

Wer die Wiege des fränkischen Weinbaus rund um Würzburg vermutet, täuscht sich. Bereits seit 777 ist in Hammelburg (12 000 Einwohner), einst »hamulo castellum«, der Weinbau belegt. Im 12. Jahrhundert entstand **Schloss Saaleck**, dessen Weinberge als die ältesten Frankens gelten, wie man auf dem Weinlehrpfad erfährt. Noch heute gibt es 70 Winzer. In der Innenstadt ist vor allem die Altstadt mit ihren engen Gässchen und den drei Wehrtürmen sehenswert. Der **Baderturm** war ab 1242 Teil der Stadtmauer. Heute dient der 17 Meter hohe Bau mit einer modernen Treppenanlage als Aussichtspunkt. Wahrzeichen der Stadt ist das im Jahr 1524 erbaute neogotische **Rathaus** mit Stufengiebel und Marktbrunnen.

Tourist Information ➡ C4
Kirchgasse 4
97762 Hammelburg
✆ (097 32) 90 24 30
www.hammelburg.de

Museum Herrenmühle ➡ C4
Turnhouter Str. 15, Hammelburg
✆ (097 32) 78 24 48
www.museum-herrenmuehle.de
Die alte Getreidemühle aus der Zeit um 1700 beherbergt eine moderne Ausstellung, in der die Themen »Brot und Wein« über drei Etagen facettenreich dargestellt werden.

Das Kellereischloss Hammelburg wurde 1726–31 errichtet

Auch wenn es das hiesige Hotel nicht mehr gibt, ist der Ausblick von Schloss Saaleck schön wie eh und je

Schloss Saaleck ➡ C4
Saaleckstr. 1, Hammelburg
Von der gut erhaltenen Burganlage aus dem 11. Jh. hat man einen herrlichen Blick auf die Stadt und das Saaletal. Der mächtige Bergfried ist begehbar. Das Schloss diente bis Ende 2021 als Hotel und Weinkellerei, die zukünftige Nutzung ist noch ungewiss.

Hammelburger Kanuverleih ➡ C4
Saaletalstr. 3, Hammelburg
✆ (097 32) 788 92 40
www.hammelburger-kanuverleih.de
Die Saale hat nur eine leichte Strömung und ist daher auch für Anfänger und Familien gut mit dem Kanu befahrbar.

Ausflugsziel:

Ruine Trimburg ➡ C4
Hans-Schneider-Weg 1, Elfershausen
www.trimburg.com
Eintritt frei
10 km östlich von Hammelburg liegt auf einem Felssporn über der Saale die Ruine der Trimburg, die einst aus drei unterschiedlichen Anlagen aus verschiedenen Jahrhunderten bestand. Begonnen wurde der Bau 1135. Die Burgruine ist gut von außen über einen Rundweg zu besichtigen.

Ein Mysterium: Bei Hammelburg tauchen immer wieder große Statuen auf Felsvorsprüngen auf – wer sie erschafft und wie sie transportiert werden, ist unbekannt

Die Altstadt von Klingenberg erstreckt sich zwischen Burgberg und Mainufer

KLINGENBERG AM MAIN ➡ D2

Hoch über der malerischen Altstadt Klingenbergs (6440 Einwohner) und dem Maintal thront erhaben die **Clingenburg**, die Friedrich Barbarossas Mundschenk Conradus Colbo 1177 errichten ließ. Heute dient die Ruine als Kulisse für Freilufttheater. Auf der schmalen Landzunge zwischen Fluss und Burgberg erstreckt sich das Städtchen mit Fachwerkhäusern aus dem 16. und 17. Jahrhundert und schmalen Gassen. Geprägt ist Klingenberg seit Jahrhunderten vom Weinbau. Auf den steilen Terrassen gedeihen die Trauben für exzellente Rotweine, die man in zahlreichen Häckerwirtschaften probieren kann.

Tourist Information ➡ D2
Wilhelmstr. 12, 63911 Klingenberg a.Main
✆ (093 72) 133 60
www.stadt-klingenberg.de

Weinbau- und Heimatmuseum ➡ D2
Wilhelmstr. 13 A, Klingenberg a.Main
✆ (093 72) 133 51, www.stadt-klingenberg.de
Besichtigung auf Anfrage
Die Geschichte des Weinbaus in Klingenberg und Churfranken wird ausführlich dargestellt. Die historischen Einrichtungen einer Schmiede, Küferei und Wagnerei sowie ganze Werkstätten – etwa eine Schusterei – sind zu sehen. In einem Schaustollen wird der Abbau von Ton erläutert, denn bis 2011 wurde in der Stadt ein Tonbergwerk betrieben.

Brunntorturm ➡ D2
Hauptstr. 55, Klingenberg
Das einzige erhaltene Stadttor stammt wahrscheinlich aus dem 13. Jh. Im Innern des Turms befindet sich eine Arrestzelle mit Inschriften der damaligen Inhaftierten.

Stadtschloss ➡ D2
Hofstr. 13, Klingenberg
Der Renaissancebau, um 1560 errichtet, prägt das Stadtbild mit seiner prächtigen Fassade mit Torhaus und Sandsteinportal. In den 1980er Jahren ließ die Stadt auf der Restfläche des einst 8000 Quadratmeter großen Schlossparks einen Rosengarten anlegen. Das Schloss ist heute in Privatbesitz.

Seltenbachschlucht ➡ D2
Klingenberg
250 Millionen Jahre Erdgeschichte erlebt man beim Durchwandern der 1,6 Kilometer langen Schlucht.

Restaurant Burgterrasse ➡ D2
Clingenburgstr., Klingenberg
✆ (093 72) 25 94
www.burgterrasse.de
Gehobene Gastronomie kombiniert mit einem schönen Ausblick auf die Stadt, den Main und den Odenwald. €€

Chapeau – Die Schenke im Gewölbe ➡ D2
Hauptstr. 5, Klingenberg
✆ (093 72) 14 58
www.chapeau-klingenberg.com
Urige Kneipe mit Guinness und Cocktails, Rockmusik und Live-Events. €–€€

Altes Gewürzamt ➡ D2
In der Altstadt 7
Klingenberg
✆ (093 72) 13 47 57
www.altesgewuerzamt.de
In den historischen Räumen duftet es herrlich nach exotischen Gewürzen. Das Unternehmen, das Gewürzpapst Ingo Holland mit teils eigenen Kreationen aus der Manufaktur begonnen hat, wird seit seinem Tod 2022 von der Familie weitergeführt.

In Klingenberg am Main findet sich viel Fachwerk

LOHR AM MAIN ➡ C3

Märchenhaft präsentiert sich das schmucke Städtchen Lohr (15 100 Einwohner). Hier soll Schneewittchen zu Hause gewesen sein. Zumindest entdeckte der Lohrer Apotheker und Historiker Dr. Karlheinz Bartels Parallelen zwischen dem Märchen und Maria Sophia von Erthal, geboren 1725 im **Lohrer Schloss**. Eine Silhouette mit der hübschen Königstochter und den sieben Zwergen prägt dessen Eingang.

Wer die schmucke Altstadt mit ihren Fachwerkhäusern überblicken will, besteigt den **Bayersturm** über seine 147 Stufen. Einen Abstecher wert sind auch die gotische Pfeilerbasilika **St. Michael** und das **Rathaus**, ein Renaissancebau von 1599.

Tourist Information ➡ C3
Schlossplatz 5
97816 Lohr a.Main
✆ (093 52) 84 84 65
www.lohr.de

Schulmuseum ➡ C3
Sendelbacher Str. 21
Lohr a.Main, Stadtteil Sendelbach
✆ (093 52) 49 60, www.lohr.de/schulmuseum
Wieder die Schulbank drücken: Bei einer interessanten Zeitreise dreht sich alles ums Thema Lernen. Über

Prägend für das Stadtbild von Lohr am Main: der Turm der Stadtpfarrkirche St. Michael und …

… das Schloss von 1340, in dem das Spessartmuseum untergebracht ist

3000 Exponate zeigen 200 Jahren Schulgeschichte. Zwei komplett eingerichtete Klassenzimmer und eine Lehrerwohnung machen die Vergangenheit begreifbar.

Spessartmuseum ➡ C3
Schlossplatz 1, Lohr a.Main
✆ (093 53) 793 23 99
www.spessartmuseum.de
In der Schlossanlage von 1340 widmet sich das Museum der Geschichte des Spessarts, den Lebenswelten der Hohen Herren und der kleinen Leute – der Kurfürsten, Förster, Fabrikanten, Handwerker und Waldarbeiter –, den Rohstoffen und den Gewerben, die sie nutzten, sowie dem Milieu der legendären »Spessarträuber« und, nicht zu vergessen, dem Schneewittchen. Ein Höhepunkt ist die Glasabteilung mit seltenen Glanzstücken aus sechs Jahrhunderten.

Wallfahrtskirche Mariabuchen ➡ C3
Kloster Mariabuchen, Lohr a.Main
Stadtteil Sendelbach
www.mariabuchen.de
Die Wallfahrtskirche ist das Ziel vieler Pilger. 1395 wurde die geschnitzte Marienfigur in einer alten Buche entdeckt. Die Wallfahrtskirche schmücken ein gotisches Gnadenbild und einige barocke Altäre.

Ab Miltenberg lassen sich schöne Schiffstouren auf dem Main unternehmen

MILTENBERG ➡ D2

Dass Miltenberg (9300 Einwohner) als mittelalterliche Handelsstadt eine große Bedeutung hatte, zeigt sich noch heute in den prächtigen Fachwerkhäusern, die nicht nur im **Schwarzviertel** und rund um den **Alten Marktplatz** mit dem schmucken Renaissancebrunnen zu finden sind. Der Schnatterlochturm am hinteren Teil des Platzes bildet einen Durchgang zum Wald. Die Altstadt mit den verwinkelten Gassen beherbergt mit »Zum Riesen« eines der ältesten Gasthäuser Deutschlands. Sehenswert im Herzen von Churfranken sind die Stadtpfarrkirche **St. Jakobus** mit dem Gnadenbild und die evangelische **Johanniskirche** von 1897.

In Miltenberg wurde 1756 der Komponist Joseph Martin Kraus geboren. Der »Odenwälder Mozart« gelangte in Schweden zu Ruhm. **Kraus' Geburtshaus** liegt nur unweit der ältesten Apotheke der Region, die ab 1514 mehr als 500 Jahre lang Arzneien vertrieb.

Tourist Information ➡ D2
Engelplatz 69
63897 Miltenberg
✆ (093 71) 40 41 19
miltenberg.info oder www.miltenberg.de

Museum Burg Miltenberg ➡ D2
Conradyweg 20
Miltenberg
✆ (093 71) 66 85 04
www.museum-miltenberg.de

Perle des Mains

Historische Altstadt von Miltenberg

Miltenberg, Bayern

Mit seiner malerischen Lage am Mainknie zwischen Spessart und Odenwald erfüllt das historische Miltenberg alle Erwartungen, die sein Beiname weckt: Perle des Mains. Bekannt für seinen Buntsandstein und günstig an der alten Handelsstraße zwischen Nürnberg und Frankfurt gelegen, war es bereits im Mittelalter sehr begehrt. Das 1237 erstmals schriftlich erwähnte Miltenberg gehörte bis 1803 zum Kurfürstentum Mainz, wurde dann 1806 dem Großherzogtum Baden einverleibt und schließlich 1816 Teil Bayerns.

Dreh- und Angelpunkt ist sicherlich der alte Marktplatz. Umrahmt von schönen Fachwerkhäusern steht in der Mitte des Platzes der aus rotem Sandstein erschaffene Marktbrunnen aus dem Jahr 1583. Auf der linken Seite des Platzes befindet sich die Alte Amtskellerei, ein im Stil der Spätgotik erbautes Fachwerkhaus. Der Prachtbau aus dem Jahr 1541 beheimatet heute das Museum der Stadt Miltenberg mit seiner reichen Sammlung zur Kulturgeschichte der Stadt.

Vom Marktplatz aus gelangt man durch den Renaissancetorbogen hinauf zur Mildenburg, einer Anlage aus dem Jahr 1200, die der Mainzer Erzbischof als östliche Grenzsicherung errichten ließ. Von hier aus genießt man eine tolle Aussicht auf die Stadt und das Maintal. Ebenfalls sehenswert: das Alte Rathaus, ein Sandsteingebäude aus dem Jahr 1379. Damals diente es als Kauf- und Lagerhaus, in dem die Ware gemäß Stapelrecht drei Tage zum Verkauf angeboten werden musste.

Für kulinarische Genüsse sorgt das Gasthaus Zum Riesen, eines der ältesten Deutschlands. Der heutige Bau stammt aus dem Jahr 1590 und diente vielen Adligen und Königen als Trinkstube und Unterkunft. Von den Größen des 20. Jahrhunderts sind hier u. a. Heinz Rühmann, Hans Albers und Elvis Presley abgestiegen. Bei einem Besuch sollte man unbedingt das nur hier ausgeschenkte »Riesen Spezial« probieren.

Info: Miltenberg liegt etwa 75 km südöstlich von Frankfurt am Main. **Info Miltenberg:** Tourist Information, Rathaus, Engelplatz 69, 63897 Miltenberg, Tel. (093 71) 40 41 19, miltenberg.info. **Info Museum Stadt Miltenberg:** Hauptstr. 169–175, 63897 Miltenberg, Tel. (093 71) 66 85 04, www.museum-miltenberg.de. **Info Gasthaus Zum Riesen:** Hauptstr. 99, 63897 Miltenberg, Tel. (093 71) 98 99 48, riesen-miltenberg.de, Reservierung empfohlen.

Der historische Marktplatz in Miltenberg

Manneken Pis auf Miltenberger Art: die Staffelbrunser

In der Mildenburg treten Ikonen aus drei Jahrhunderten in den Dialog mit zeitgenössischen Kunstwerken, u. a. von Beuys und Pechstein. Zudem wird die umfangreiche Burggeschichte ab dem Bau im 12. Jh. dargestellt. Vom Bergfried hat man eine tolle Sicht auf die Stadt und das Maintal.

Museum Stadt Miltenberg ➡ D2
Hauptstr. 169–175
Miltenberg
✆ (093 71) 66 85 04
www.museum-miltenberg.de
Drei historische Gebäude – das Haupthaus wurde um 1541 errichtet – beherbergen das Museum, das einen umfangreichen Einblick in die Geschichte der Stadt und Region von der Römerzeit bis ins 19. Jh. erlaubt. Der bürgerliche Renaissancegarten ist nur im Rahmen einer Führung zu besichtigen.

Gasthaus »Zum Riesen« ➡ D2
Hauptstr. 99, Miltenberg
✆ (093 71) 98 99 48
www.riesen-miltenberg.de
Das ältestes Gasthaus Deutschlands wurde um 1411 erstmals urkundlich erwähnt, soll aber schon im 12. Jh. existiert haben. Die Fürstenherberge sah Könige und viele berühmte Gäste, angeblich auch Martin Luther und Elvis Presley. Im imposanten Fachwerkbau mit dem

Miltenberg schmiegt sich fotogen an den Main

Das Gasthaus »Zum Riesen« hat schon viele Berühmtheiten gesehen

markanten Erker genießt man typisches Wirtshausambiente bei fränkischem Essen. €€

Faust Braustuben ➡ D2
Löwengasse 3, Miltenberg
✆ (093 71) 27 09
faust-braustuben.de
Interessante Mischung aus Brauereigaststätte und Lounge. Auf den Teller kommen fränkische Spezialitäten und internationale Gerichte. Direkt am Main gelegen. €–€€

Ausflugsziel:

Franziskanerkloster Engelberg ➡ D2
Kloster Engelberg 1, Großheubach
✆ (093 71) 914 39 14
kloster-engelberg.com
Der Bau des Franziskanerklosters begann um 1631, die Wallfahrt ist aber schon im 15. Jh. belegt. Noch immer pilgern Gläubige in die barocke Klosterkirche und erklimmen die »Engelsstaffeln«, die 612 Stufen von Großheubach hinauf zum Kloster – manche auch nur zur Klosterschänke.

MÜNNERSTADT ➡ B4

Idyllisch im Lauertal gelegen, atmet Münnerstadt (7500 Einwohner) Geschichte. Die Grafen von Henneberg und die Würzburger Fürstbischöfe prägten den Ort. Die **Stadtmauer** mit zwei mächtigen Toren und dem Rundturm wehrte Feinde ab. Die Fachwerkhäuser, das spätmittelalterliche **Rathaus** und die **Zehntscheune** erinnern an eine glanzvolle Vergangenheit. Mit dem imposanten Altar von Tilman Riemenschneider, Tafelgemälden von Veit Stoß und prächtigen Glasfenstern aus dem 15. Jahrhundert wartet die mittelalterliche Stadtkirche **St. Maria Magdalena** auf. Ein Schatzkästchen des Rokoko ist die **Kirche des Augustinerklosters**, das eine umfangreiche Bibliothek mit Originalausgaben von Schiller und Martin Luther beherbergt.

Tourist Information ➡ B4
Deutschherrnstr. 18
97702 Münnerstadt
✆ (097 33) 78 74 82
www.muennerstadt.de

Henneberg-Museum ➡ B4
Deutschherrnstr. 18, Münnerstadt
✆ (097 33) 78 74 82, www.muennerstadt.de

Blick auf die mittelalterliche Altstadt von Münnerstadt

Das Jörgentor gehört zu den mittelalterlichen Befestigungsanlagen der Stadt

Im Museum in der ehemaligen Kommende, dem Sitz des Deutschen Ordens, begeben sich die Besucher auf eine Reise durch Geschichte und Kultur der Rhön.

Maria Bildhausen ➡ B4

Maria Bildhausen 1
Münnerstadt
✆ (097 66) 810
www.bildhausen.de
Wie autark die Welt hinter Klostermauern war, wird in der eindrucksvollen Klosteranlage aus dem 12. Jh. deutlich. Mühle und Brauerei, Abtswohnung und historische Gärten gewähren bei Führungen spannende Einblicke. Zum Klosterladen gehört eine eigene Kaffeerösterei.

Novizengarten ➡ B4

Am Dicken Turm 14, Münnerstadt
Einige seltene Baumarten gedeihen im naturnahen Novizengarten des Augustinerklosters, der 1928 entstand. Das Kleinod mit sehenswerten Skulpturen befindet sich in Privatbesitz, ist aber öffentlich zugänglich.

Der mittelalterliche Klingentorturm in Ochsenfurt diente einst als Gefängnis

OCHSENFURT ➡ D/E4

Die historische Altstadt von Ochsenfurt (12 000 Einwohner) ist geprägt von fränkischem Fachwerk, Türmen und Stadttoren sowie einer nahezu vollständig erhaltenen Befestigungsanlage. Die Stadt am südlichen Maindreieck verdankt ihren Namen einer Furt durch den Fluss. Sehenswert ist das **Neue Rathaus** mit dem Narrenhäuschen im Keller. Das Lanzentürmchen auf dem Dach mit der astronomischen Uhr bildet das Wahrzeichen der Stadt. Überragt wird das Gebäude von der gotischen Pfarrkirche **St. Andreas**, die eine Nikolaus-Statue von Tilman Riemenschneider beherbergt.

Tourist Information ➡ D/E4
Hauptstr. 39, 97199 Ochsenfurt
✆ (093 31) 58 55
www.ochsenfurt.de

Heimatmuseum im Schlössle ➡ D/E4
Brückenstr. 26, Ochsenfurt
✆ (093 31) 970
Im Winter geschl.
Kombiticket Heimat- und Trachtenmuseum erhältlich
Das Schlösschen an der Alten Mainbrücke stammt aus dem 14. Jh. Das Heimatmuseum widmet sich Weinbau, Zunftwesen und Büttnerhandwerk sowie der Stadtgeschichte.

SCHWEINFURT ➡ C4/5

Die Industriestadt am Main (54 000 Einwohner) ist als wirtschaftliches Zentrum eng verbunden mit Erfindungen, die die Welt bewegen. Firmen wie ZF, Schaeffler oder Bosch prägen heute das Bild, Fichtel & Sachs, FAG Kugelfischer waren es zu Beginn des 20. Jahrhunderts. Der Aufstieg der Stadt begann mit der Industrialisierung und dem »Schweinfurter Grün«, das als Malerfarbe genutzt wurde. Zu Weltruhm gelangte die »Kugellagerstadt« durch Friedrich Fischer, der 1883 mit der Erfindung der Kugelschleifmaschine Furore machte. Auch die Geschichte des modernen Fahrrads ist mit der Stadt verknüpft. Fischers Vater Philipp Moritz hat um 1850 das Tretkurbelrad erfunden, Ernst Sachs 1903 den Freilauf mit Rücktrittbremse.

Die einst freie Reichsstadt wurde 791 erstmals urkundlich erwähnt. Von den historischen Bauten fielen die meisten dem Bombenhagel im Zweiten Weltkrieg zum Opfer. Unbeschädigt blieben einige Renaissancebauten, wie das historische **Rathaus** oder die **Johanniskirche**. Auf die in den letzten Jahren mit Liebe zum Detail wieder hergerichtete Altstadt blickt auch das Denkmal des Dichters Friedrich Rückert (1788–1866). In jüngerer Zeit hat sich Schweinfurt als Kunst- und Kulturstadt der klassischen Moderne einen Namen gemacht.

Die St. Johanniskirche steht inmitten der Altstadt und ist der älteste Bau Schweinfurts

Noch gut die Hälfte des historischen Stadtkerns ist von der Stadtbefestigung umschlossen

Tourist Information ➡ C4/5
Markt 1
97421 Schweinfurt
✆ (097 21) 51 36 00
tourismus.schweinfurt.de

Deutsches Bunkermuseum ➡ C4/5
Ernst-Sachs-Str. 73
Schweinfurt
www.deutsches-bunkermuseum.de
Besuch nur mit Gruppenführung ab 10 Personen
1941 wurde der sechsgeschossige Fichtel-und-Sachs-Bunker gebaut. Mit dem Thema Luft- und Zivilschutz befasst sich das Museum, das im ehemaligen Hochbunker untergebracht ist.

Das schöne Rathaus steht an der Südseite der »guten Stube«, dem Marktplatz Schweinfurts

Kunsthalle ➡ C4/5
Rüfferstr. 4
Schweinfurt
✆ (097 21) 51 47 21
www.kunsthalle-schweinfurt.de
Bilder, Skulpturen und Installationen der klassischen Moderne und aus der Zeit nach 1945 in Deutschland sind in einem ehemaligen Schwimmbad zu sehen.

Museum Georg Schäfer ➡ C4/5
Brückenstr. 20, Schweinfurt
✆ (097 21) 51 48 25
www.museumgeorgschaefer.de
Das Museum beherbergt eine umfangreiche Sammlung deutscher Malerei des 19. Jahrhunderts mit Werken von Caspar David Friedrich, Lovis Corinth und Max Slevogt. Kernstück der Sammlung ist der weltweit größte Bestand von Carl Spitzweg.

Museum Otto Schäfer ➡ C4/5
Judithstr. 16, Schweinfurt
✆ (097 21) 387 09 70
www.museumottoschaefer.de
Buch, Druck- und Gegenwartsgrafik stehen im Mittelpunkt der Sammlung von Otto Schäfer, dazu wertvolle Buchbestände der Stadt und aus kirchlichem Besitz.

Wildpark an den Eichen ➡ C4/5
Albin-Kitzinger-Straße, Schweinfurt
✆ (097 21) 515 04, www.schweinfurt.de
Ganzjährig geöffnet, Eintritt frei
Im Wildpark mit seinem 18 ha großen Gelände gibt es rund 50 Tierarten und einen Streichelzoo.

Ausflugsziel:

Schloss Werneck ➡ C4
Balthasar-Neumann-Platz 1, Werneck
Als »kleine Schwester der Würzburger Residenz« wird das Barockschloss mit Schlossgarten, 15 km südwestlich von Schweinfurt, liebevoll bezeichnet. Erbaut wurde es nach Plänen von Balthasar Neumann. Einen Besuch wert sind die Schlosskapelle und der Park im englischen Stil mit exotischen Pflanzen und Teichanlage. Heute dient der Gebäudekomplex als Krankenhaus.

Schloss Werneck dient heute als Krankenhaus

SOMMERHAUSEN ➜ D4

Eine Vielzahl an kleinen schmucken Dörfern ziehen sich am Main entlang. Eine Perle ist Sommerhausen (1880 Einwohner). Das fränkische Weindorf wirkt wie aus dem Bilderbuch. Hier gedeihen nicht nur prächtige Reben, sondern auch Kunst und Kultur. Bildende Künstler haben dem Ort den Beinamen »fränkisches Worpswede« eingebracht. Einige sehenswerte Fachwerkhäuser, die historischen Wehrtürme und zwei Kirchen prägen den Ort, ebenso das wohl kleinste Theater Deutschlands. Der Weihnachtsmarkt im Advent ist bezaubernd.

Tourist Information ➜ D4
Hauptstr. 15, 97286 Sommerhausen
✆ (093 33) 82 56
www.sommerhausen.de

Tierpark ➜ D4
An der Tränk, Sommerhausen
✆ (093 33) 10 76, www.tierparksommerhausen.de
Der Tierpark ermöglicht die Begegnung mit zahlreichen Haus- und Nutztieren. Hier arbeiten Menschen mit und ohne Behinderung. Zur Anlage gehören ein Café und ein großer Abenteuerspielplatz.

Das Rathaus mit dem hohen Treppengiebel ist ein Schmuckstück Sommerhausens

Das Schloss Veitshöchheim …

VEITSHÖCHHEIM ➡ D4

In Veitshöchheim (9400 Einwohner) kommt man am **Schloss** und einem der bedeutendsten **Rokokogärten** Deutschlands nicht vorbei. Aus dem ehemaligen Jagdschloss der Würzburger Fürstbischöfe entstand nach den Plänen von Balthasar Neumann ab 1749 ein Prachtbau. Die Gartenlandschaft mit mehr als 200 Figuren sowie zwei Seen lädt zum Flanieren ein. Auf Neumann geht auch das schmucke **Rathaus** zurück. In der Pfarrkirche **St. Veit** besticht die üppige Barockausstattung. Durch die TV-Sendung »Fastnacht in Franken« ist der Ort als Narrenhochburg weithin bekannt. Seit dem Austritt Großbritanniens aus der EU ist der Ortsteil Gadheim der geografische Mittelpunkt der EU.

Tourist Information ➡ D4
Mainlände 1
97209 Veitshöchheim
✆ (09 31) 78 09 00 25
www.tourismus-veitshoechheim.de

Schloss Veitshöchheim ➡ D4
Echterstr. 10 Veitshöchheim
✆ (09 31) 915 82
www.schloesser.bayern.de
Schlossbesichtigung nur im Rahmen einer Führung
Hofgarten Eintritt frei
Sehenswert sind die original erhaltenen Arbeiten des Hofstuckateurs Antonio Guiseppe Bossi. Die Wasserspiele erfreuen zwischen April und Oktober täglich von 13 bis 17 Uhr zu jeder vollen Stunde.

… umgibt ein schöner Hofgarten

VOLKACH ➡ D5

Dort, wo der Main auf seinem 527 Kilometer langen Weg eine Schleife zieht, liegt das Weinstädtchen Volkach (8800 Einwohner). Rund ein Viertel der fränkischen Rebflächen befindet sich hier. Beim Bummel durch mittelalterliche Gassen trifft man auf fränkische Gemütlichkeit und viele Weinlokale. Kein Wunder, dass man hier das größte Weinfest Frankens feiert.

Sehenswert im Stadtkern sind das historische **Rathaus**, das **Schelfenhaus**, ein Stadtpalais aus dem 18. Jahrhundert, sowie zahlreiche Fachwerkhäuser. Die Pfarrkirche **St. Bartholomäus und St. Georg** mit ihrem 45 Meter hohen Turm fasziniert mit einer reichen Barockausstattung.

Tourist Information ➡ D5
Marktplatz 1
97332 Volkach
✆ (093 81) 401 12
www.volkach.de

Museum Barockscheune ➡ D5
Weinstr. 7, Volkach
✆ (093 81) 71 75 90
www.museum-barockscheune.de
Die 1100-jährige Geschichte der Stadt, die eng mit dem Weinbau verbunden ist, wird auf vier Ebenen lebendig. Ein Teil der Schau widmet sich dem Bocksbeutel.

Volkacher Marktplatz mit dem Rathaus

Rund ein Viertel aller fränkischen Rebflächen befindet sich bei Volkach

Wallfahrtskirche Maria im Weingarten ➡ D5
Kirchbergweg 20, Volkach
Auf einer Anhöhe über dem Main und umgeben von Weinbergen erhebt sich die Wallfahrtskirche. Das berühmte Bildnis »Madonna im Rosenkranz« hat Tilman Riemenschneider um 1524 geschaffen.

Vogelsburg ➡ D5
Volkach, Ortsteil Escherndorf
Das Kloster entstand im 13. Jh. auf einer ehemaligen Burgruine 5 km von Volkach entfernt. Heute ist es ein beliebter Aussichtspunkt mit Gastronomie und Hotel. Die Kirche Maria Schutz erhielt im 20. Jh. eine moderne »Inneneinrichtung«.

Kanufahren ➡ D5
Ländestr. 3, Volkach
✆ (093 05) 988 21 10
kanuvermietung-mainschleife.de
Der Altmain eignet sich perfekt für Kanufahrten, gerade auch für Anfänger.

Mainfähre ➡ D5
www.fahr-am-main.de/mainfaehre.html
Vier Fähren liegen an der Mainschleife. Die wohl älteste verkehrt zwischen Fahr und Eisenheim. Erstmals wurde sie um 1400 urkundlich erwähnt.

Die Residenz ist vom Hofgarten umgeben

WÜRZBURG ➡ D4

Die Universitätsstadt Würzburg (126 900 Einwohner) ist das Herz von Weinfranken. 704 erstmals urkundlich erwähnt, wurde kurz danach das Bistum gegründet. Die Mainmetropole entwickelte sich zu einer bedeutenden Handelsstadt. Zwar hat sie durch die Bombennacht im März 1945 viel an historischer Substanz und damit an Charme eingebüßt, doch prägt der barocke Glanz nach wie vor das Bild.

Die ④ **Fürstbischöfliche Residenz** ➡ bC4, erschaffen von Baumeister Balthasar Neumann, ist seit 1981 UNESCO-Welterbe. Im Barockschloss sind 42 prunkvolle Räume zu besichtigen, darunter der Spiegelsaal. Die weitläufige Anlage des Hofgartens nutzen Würzburger und Gäste gern zum Flanieren.

In wenigen Metern erreicht man den Kiliansplatz, wo der Bildschnitzer Tilman Riemenschneider auf dem 1822 aufgelösten Friedhof begraben wurde, und den **St.-Kilians-Dom** ➡ bB/bC3. Der romanische Kirchenbau wurde um 1040 errichtet, wobei hier bereits mehrere Vorgängerkirchen standen. Dem Bombenhagel der Alliierten hielten die Mauern nur teilweise stand. Beim Wiederaufbau wurden historische und moderne Elemente kombiniert – sie bilden einen interessanten Kontrast.

Das **Neumünster** ➡ bB3 neben dem Dom stammt ebenfalls aus dem 11. Jahrhundert. Errichtet wurde es

Am Oberen Markt in Würzburg: der gotische Bau der Marienkapelle und das »Falkenhaus« mit seiner Rokokofassade

Barocker Prachtbau

Fürstbischöfliche Residenz Würzburg

Würzburg, Bayern

Über Platzmangel werden sich die Würzburger Fürstbischöfe vermutlich nie beklagt haben. Ihre großzügige Residenz verfügte über 340 Räume und ein beeindruckendes überwölbtes Treppenhaus, an dessen Decke

Sie lebten eher unbescheiden: die ehemalige Residenz der Würzburger Fürstbischöfe

sich eines der größten zusammenhängenden Fresken befindet, die je gemalt wurden.

So ganz vertraut hat man dem Architekten Balthasar Neumann damals nicht. Als die prachtvolle Residenz im Jahr 1744 vollendet war, erwarteten nicht wenige sogenannte Experten den Einsturz des freitragenden Treppenhauses. Inzwischen weiß man, dass Neumann ein wahres Wunderwerk gelungen ist, denn das Treppenhaus hat sogar den Zweiten Weltkrieg überstanden.

Auch bei der Ausstattung des Schlosses waren nur profilierte Künstler am Werk. Neben dem Stuckateur Antonio Bossi wurde der Venezianer Giovanni Battista Tiepolo, bedeutendster Freskenmaler seiner Zeit, beauftragt. Das von ihm geschaffene Deckenfresko misst rund 600 Quadratmeter. Die bereits 1981 von der UNESCO zum Weltkulturerbe gekürte Redidenz gilt als Meisterwerk des Barock. Architektur, Malerei, Stuckatur und Natur verbinden sich hier zu einer eindrucksvollen Einheit. Seit 1922 sind die großen Säle der Residenz Schauplatz des »Würzburger Mozartfests«. Der Weiße Saal, Gartensaal und Kaisersaal wurden im Krieg nicht zerstört. Ölgemälde, Spiegel, Holzvertäfelungen und Möbel konnten größtenteils in Sicherheit gebracht werden. Viele Paradezimmer wurden deshalb nach dem Krieg wiederhergestellt. Heute verfügt das Haus über 42 Schauräume, Teile der Residenz werden von der Universität und vom Martin-von-Wagner-Museum genutzt.

Info Fürstbischöfliche Residenz Würzburg: Residenzplatz, 97070 Würzburg, Tel. (09 31) 35 51 70, www.residenz-wuerzburg.de. **Info Mozartfest:** www.mozartfest.de. **Reisezeit:** Mai bis Juli zum Mozartfest.

In prächtigem Barock präsentiert sich die Fassade des Neumünsters

über dem Grab des Missionars Kilian, der noch heute mit einer einwöchigen kirchlichen Feier und einem großen Volksfest im Juli verehrt wird. Blickfang ist die prächtige Barockfassade. Ein Ruhepol in der Hektik der Stadt ist das **Lusamgärtlein** im romanischen Kreuzgang hinter dem Neumünster. Hier soll der Minnesänger Walther von der Vogelweide bestattet sein. Auf der Grabplatte werden immer wieder frische Blumen abgelegt.

Der **Obere Markt** ➡ bB3 ist vom sogenannten »Falkenhaus« geprägt. Die geschweiften Giebel und die prächtige Rokokofassade zählen zu den schönsten in Süddeutschland. Gleich daneben erhebt sich die **Marienkapelle**, eines von mehr als 70 Gotteshäusern der Stadt.

Einer, dessen Spuren in der ganzen Stadt gegenwärtig sind, ist Fürstbischof Julius Echter (1545–1617). Nach ihm ist die **Universität** ➡ bD3 benannt, die auf sein Betreiben 1582 wieder gegründet wurde. Bereits 1402 hatte Bischof Johann von Egloffstein eine Universität ins Leben gerufen. Echter allerdings steckte Geld in den Betrieb und sorgte mit der Errichtung von Gebäuden und der Neubaukirche für die nötigen Räume zum Studieren. Auf ihn geht auch das Juliusspital zurück. Er ließ es 1576 errichten für »allerhand Sorten Arme,

Würzburg und seine Kirchen: links die Stiftskirche, rechts die Marienkapelle

Angestrahlt besonders schön: die Festung Marienberg oberhalb von Würzburg

Kranke, unvermugliche, auch schadhafte Leut«, wie er sagte. Heute gehört zur Stiftung auch die Betreuung von Senioren sowie ein Weingut, mit 180 Hektar Rebfläche das zweitgrößte in Deutschland.

Über der Stadt thront die mächtige **Festung Marienberg** ➡ bC/bD1, die auf das Jahr 1201 zurückgeht. 500 Jahre vorher stand hier bereits eine Kapelle, die 714 zum Bischofssitz erhoben wurde. Auf Betreiben von Julius Echter wurde die Burg als repräsentatives Schloss ausgebaut.

Die **Alte Mainbrücke** ➡ bC2 mit den vielen Brückenheiligen verbindet die beiden Uferseiten. Im Sommer ist sie von Einheimischen und Touristen bevölkert – wegen des tollen Blicks auf Käppele und Festung, aber auch auf Dom und Rathaus.

Würzburg ist auch eine Stadt bedeutender Wissenschaftler und Sportler. Der Physiker Wilhelm Conrad Röntgen entdeckte 1895 die nach ihm benannten Strahlen. Die Namen der Mediziner Alois Alzheimer und Rudolf Virchow sind ebenfalls mit der Stadt verbunden. Basketball-Legende Dirk Nowitzki hat Würzburg weltweit bekannt gemacht.

Funfact am Rande: In der Würzburger Elefantengasse eröffnete 1952 wohl die erste Pizzeria Deutschlands.

ℹ Tourist Information ➡ bB3
Marktplatz 9, 97070 Würzburg
✆ (09 31) 37 23 35, www.wuerzburg.de

Giovanni Battista Tiepolo schmückte das Gewölbe des Treppenhauses in der Würzburger Residenz mit dem größten Deckenfresko, das je gemalt wurde, im Bild ein Ausschnitt

Museum am Dom ➡ bB3
Kiliansplatz (Domstr.), Würzburg
✆ (09 31) 38 66 56 00
museum-am-dom.de
Unter dem Blickwinkel Religion wird moderne Kunst alten Werken aus 1000 Jahren auf barrierefreien 1800 m² gegenübergestellt. Beleuchtet wird auch die Volksfrömmigkeit früherer Zeiten. Ein besonderer Schwerpunkt der Sammlung liegt auf Arbeiten von Künstlern aus Ostdeutschland.

Museum für Franken ➡ bC/bD1
Festung Marienberg, Würzburg
✆ (09 31) 20 59 40
museum-franken.de
Das Staatliche Museum für Kunst- und Kulturgeschichte auf der Festung Marienberg zeigt Gemälde, Skulpturen und Kunsthandwerk der Region. Die Schau mit Werken von Tilman Riemenschneider ist die umfangreichste weltweit.

Gewaltige Bastionen umgeben die Festung Marienberg

Röntgen-Gedächtnisstätte ➡ bA2/3
Röntgenring 8, Würzburg
✆ (09 31) 35 11 60 02
Nur mit Führung zu besichtigen
Hier wird an die Arbeit von Wilhelm Conrad Röntgen und die Entdeckung der X-Strahlen erinnert. Das Labor des Nobelpreisträgers ist im Original erhalten.

Über den Dächern von Würzburg

Festung Marienberg

Würzburg, Bayern

Um eine Frage gleich zu beantworten: Uneinnehmbar ist die Festung Marienberg nicht – trotz ihrer günstigen Lage auf einem nach drei Seiten abfallenden Felsplateau und trotz des Kranzes gewaltiger Bastionen, von dem sie umgeben ist. Zu Zeiten Napoleons wurde sie gleich mehrfach erstürmt. Heute erobern vor allem Touristen das imposante Bauwerk. Marienberg ist das Wahrzeichen der Stadt Würzburg und zählt zu den bedeutendsten deutschen Festungsanlagen. Bereits um 1000 v. Chr. diente dieser Ort als befestigte Fliehburg und heidnischer Kultplatz. An ebenjener Stelle wurde später die Marienkirche gebaut, die ihre Ursprünge im 8. Jahrhundert hat und damit die älteste Kirche Würzburgs ist. Zu den ältesten Teilen der Burg zählt zudem das Brunnenhaus mit einem über hundert Meter tiefen Schacht.

Vom 13. bis zum 18. Jahrhundert diente die Burg als Residenz der Würzburger Fürstbischöfe. Das Erscheinungsbild der Festung wurde maßgeblich von Julius Echter geprägt, der nach 1573 die Anlage zu einem Renaissanceschloss umgestalten ließ. Nachdem die Burg im Dreißigjährigen Krieg von den Schweden erobert worden war, wurde sie mit den heute noch sichtbaren Bastionen verstärkt. Im Zweiten Weltkrieg wurde die Festung stark beschädigt. Der Wiederaufbau endete erst 1990. Heute zeigt hier das Museum für Franken seine Schätze.

Info: Würzburg liegt zwischen Frankfurt am Main und Nürnberg. **Info Festung Marienberg:** 97082 Würzburg, Tel. (09 31) 355 17 50, www.schloesser.bayern.de.

Die Festung Marienberg erhebt sich über dem Main bei Würzburg

Eingang zum Museum für Franken auf der Festung Marienberg

Weltweit größte Riemenschneider-Sammlung

MUSEUM FÜR FRANKEN

Würzburg, Bayern

Hoch über dem Main thront die Festung Marienberg, doch von der alten Mainbrücke ist es nur ein kurzer Spaziergang hinauf und alternativ können Gäste den Shuttlebus ab der Residenz nutzen. In der großzügigen Anlage zwischen Weinbergen, alten Mauern und barocken Gärten befindet sich mit dem Museum für Franken eine der bedeutendsten Kunstsammlungen Bayerns. Das Staatliche Museum für Kunst- und Kulturgeschichte macht es sich seit 2017 zur Aufgabe, die Geschichte von ganz Franken und Würzburg zu präsentieren. Das Spektrum reicht von der Archäologie bis ins 19. Jahrhundert, von der Malerei bis hin zu meisterhaftem Kunsthandwerk. Besondere Schätze sind etwa der bronzene Kultwagen aus Acholshausen oder auch die Gemälde von Lucas Cranach d. Ä. und Giovanni Battista Tiepolo.

Als Highlight des Museums gilt die weltweit größte Sammlung von Skulpturen des wichtigsten Bildschnitzers und Bildhauers der Spätgotik Tilman Riemenschneider. Zwischen 1485 und 1531 belieferte er Würzburg und Franken mit hölzernen Altar- und Steinfiguren, Kleinplastiken, Reliefs, Flügelaltären, Grabdenkmälern und anderen Werken. Im Riemenschneider-Saal erzählen rund 80 Exponate von der vielseitigen Schaffenskraft des Meisters.

Mit der Serie der »Leuchtturm-Objekte« inszeniert das Museum Kunstschätze neu, indem es diese durch spezielle Beleuchtung, kurze Wandtexte und virtuelle Informationstechniken hervorhebt. Derart wird das Augenmerk der Betrachter zugleich auf die jeweilige Epoche gelenkt. So erweist sich der Würzburger Gnadenstuhl als Vorzeigebeispiel der Bildhauerkunst um 1340/50 und Riemenschneiders Figuren »Adam« und »Eva« geben wichtige Einblicke in das Spätmittelalter und die Spätgotik an der Wende vom 15. zum 16. Jahrhundert.

Im Riemenschneidersaal

Jeden Sonntag gibt der »Sonntagsspaziergang« mit wechselnden Themen ganz spezielle Einblicke in die Kunstwerke und ihre Geschichte(n). Für Abwechslung sorgen auch die Sonderausstellungen und das Museumsfest am ersten Septemberwochenende. Tipp: Seit 2022 hat das Museum einen eigenen Geocache. Über verschiedene Stationen gilt es spannende Rätsel zu lösen. Gelingt die Mission, kann das Schloss einer Truhe geknackt werden.

Info: Westlich des Mains und der Würzburger Altstadt gelegen. **Info Museum für Franken:** Festung Marienberg, 97082 Würzburg, Tel. (0931) 205940, museum-franken.de.

Der Frankoniabrunnen auf dem Residenzplatz wurde 1894 feierlich enthüllt

④ **Fürstbischöfliche Residenz** ➡ bC4
Residenzplatz, Würzburg
✆ (09 31) 35 51 70
www.residenz-wuerzburg.de
Der dreiflügelige Bau, der ab 1720 unter Balthasar Neumann entstand, diente den Fürstbischöfen als prunkvolle Stadtresidenz. Das imposante, stützenfrei überwölbte Treppenhaus galt als architektonische Meisterleistung. Darüber schuf der Venezianer Tiepolo mit 600 m² das größte Deckengemälde mit Allegorien der Kontinente. Kaisersaal, Weißer Saal und Spiegelsaal haben die Bomben 1945 überstanden. Sie sind bei einer Führung ebenfalls zu bestaunen. Im Südflügel der Residenz zeigt das Martin-von-Wagner-Museum Gemälde vom 14. bis 19. Jh., Altarbilder sowie eine Antikensammlung, die vor allem auf Keramik ausgerichtet ist.

Grafeneckart ➡ bB2
Rathaus, Rückermainstraße, Würzburg

Der um 1200 errichtete Wohnturm mit dem Vierröhrenbrunnen davor ist das Wahrzeichen des Rathauskomplexes und gleichzeitig der älteste Profanbau der Stadt. Im Innenhof ist im Modell die Zerstörung Würzburgs durch die Bomben vom 16. März 1945 dargestellt. Glanzstück des Baus ist der prunkvolle Wenzelsaal.

Käppele ➡ südl. bD1/2
Nikolausberg, Würzburg
✆ (09 31) 79 40 77 60
www.kaeppele-wuerzburg.de
Auf dem Nikolausberg eröffnet sich von der Kirche Maria Heimsuchung, im Volksmund Käppele genannt, ein fantastischer Blick auf die Stadt. Die barocke Wallfahrtskirche entstand 1748 nach Plänen von Balthasar Neumann.

Vom Käppele geht der Blick in die Ferne

Marienkapelle ➡ bB2
Marienplatz 7
Würzburg

Die Marienkapelle am Unteren Markt ist ein wahres Kleinod. Die spätgotische Hallenkirche wurde 1377 von der Bürgerschaft in Auftrag gegeben. Lohnenswert sind die Altäre sowie die detailreichen Verzierungen der Portale, die von Tilman Riemenschneider stammen. Gehalten haben sich seit 1437 die Kramläden rund um die Kirche. In der Kapelle wurde 1753 Balthasar Neumann beigesetzt.

Schloss Steinburg ➡ nördl. bA1
Reußenweg 2
Würzburg
✆ (09 31) 970 20
www.steinburg.com
Hoch über den Weinbergen und mit herrlichem Blick auf die Stadt liegt das schmucke Restaurant. Zum »erhabenen Ambiente« gibt es raffinierte, internationale Gerichte und tolle Weine. €€–€€€

Weinhaus Stachel ➡ bB2
Gressengasse 1, Würzburg

Adam und Eva vom Marktportal der Würzburger Marienkapelle, Tilman Riemenschneider, 1491–1493, ausgestellt im Museum für Franken

Das Weinhaus Stachel hat einen der schönsten Innenhöfe der Stadt

✆ (09 31) 527 70
www.weinhaus-stachel.de
Bereits 1319 stand hier ein Weinhaus. Im Bauernkrieg 1525 nutzten die Aufständischen das Gebäude als Treffpunkt. Der Morgenstern über dem Tor erinnert daran. Serviert werden fränkische Gerichte und heimische Weine. €–€€

Weinstube Maulaffenbäck ➡ bB3
Maulhardgasse 9
Würzburg
✆ (09 31) 46 77 87 00
www.maulaffenbaeck.info
Urige Weinstube mit typisch fränkischen Gerichten. Wer will, kann mittags die eigene Brotzeit mitbringen. €–€€

Schifffahrt ➡ bB2
www.schiffstouristik.de
Mehrmals täglich starten Schiffe an der Anlegestelle »Alter Kranen«.

Würzburg hat ausgezeichnete Weinlagen

Bocksbeutel als Markenzeichen

Zu Franken gehört der Wein. Auch Dichterfürst Goethe schätzte den »Würzburger, denn kein anderer will mir schmecken«. Kein Wunder, den Silvaner sollte man probiert haben. Entlang des Mains und seiner Nebenflüsse gedeihen die Trauben seit mehr als 1200 Jahren. Bereits 777 ist in Hammelburg der Weinbau nachgewiesen, zwei Jahre später auch in Würzburg. Galt die Region im Mittelalter mit rund 40 000 Hektar zusammenhängender Rebfläche als größtes Weinbaugebiet nördlich der Alpen, sind es heute nur noch 6250 Hektar. Mehr als 90 Prozent davon liegen in Unterfranken.

Einen Superlativ kann Würzburg verzeichnen: Das Weingut Juliusspital, benannt nach Fürstbischof Julius Echter, ist als zweitgrößtes Weingut Deutschlands zugleich das größte Silvaner-Weingut der Welt. Seit 1659 wird die Rebsorte in der Region angebaut. Und noch eine Besonderheit: Frankenwein wird im Bocksbeutel abgefüllt. 1728 wurde die bauchige Flasche für eine der besten Lagen Deutschlands, den Wein am »Würzburger Stein«, eingeführt, später auf alle Frankenweine ausgedehnt. Ob Sie nun lieber rot oder weiß mögen: Schauen Sie einfach mal zu einer Verkostung bei den 4400 Produzenten oder in einer Heckenwirtschaft vorbei – es lohnt sich. Die »Franken« werden übrigens meist trocken ausgebaut, also mit kaum Restzucker. Wissenswertes erfährt man auf den zahlreichen Weinlehrpfaden zwischen Aschaffenburg und Bamberg oder unter www.fraenkisches-weinland.de.

Frankenweine sind beliebt

Tiefer Schluck aus flacher Flasche

Bocksbeutelstrasse

Bayern

Weine aus Franken sind in jedem Regal auf einen Blick zu erkennen: Der Bocksbeutel, eine kleine, flache, beutelartige Flasche, hat sich durchgesetzt. Für Reisefreudige stehen die fünf Routen der Bocksbeutelstraße besonders hoch im Kurs. Das Rezept ist einfach: Man nehme faszinierende Landschaften und architektonische Schätze, vermenge sie mit köstlichem Wein und kulinarischen Leckereien – und schon erhält man die Bocksbeutelstraße.

Von Würzburg aus gibt es in jeder Himmelsrichtung viel zu entdecken und zu probieren. Zur Eingewöhnung empfiehlt sich die Nordroute: Sie ist nur 55 Kilometer lang und führt in die älteste fränkische Weinstadt Hammelburg im schönen Saaletal. Unterwegs lohnt sich ein Stopp in Veitshöchheim, um den ehemaligen Sommersitz und den Rokoko-Lustgarten der Würzburger Fürstbischöfe zu besuchen.

Etwas mehr Zeit sollte man für die Westroute einplanen. Über knapp 160 Kilometer führt sie nach Aschaffenburg. Zahlreiche kleine Weinorte an der Strecke laden zu einer Einkehr ein. Kulinarische Spezialitäten wie Schäufele (Schweineschulter), fränkische Bratwürste oder Karpfen gehören ebenso zur Bocksbeutelstraße wie ein edler Tropfen, egal ob Müller-Thurgau, Silvaner oder Riesling. Harte Winter, trockene Sommer und genügend Frost geben den fränkischen Reben ihren einzigartigen Geschmack.

Seit über 1200 Jahren wird in Franken Wein angebaut. Degustiert wird oftmals direkt beim Häcker, wie die fränkischen Winzer genannt werden. Auch auf dieser Route kommt natürlich die Kultur nicht zu kurz. Die Altstadt von Miltenberg, der Perle am Main, 1237 erstmals erwähnt, ist mit ihren Fachwerkhäusern und Sandsteinbauten sehenswert.

Typisch für Frankenwein ist der Bocksbeutel, eine flache, bauchige Flasche

Äußerst beliebt ist der MainRadweg von Aschaffenburg bis Volkach. Die vielen Windungen des Flusses eröffnen beim Radeln wunderbare Blicke auf eine Landschaft voller Weinberge, die steil das Maintal einbetten. Wer nur Teilstrecken radeln möchte, kann zwischendurch oder für den Rückweg Zug oder Bus nutzen (Infos unter www.mainradweg.com). Und wer an den zahlreichen Weinfesten im Spätsommer und Herbst rund um die Zeit der Weinlese teilnimmt, der erlebt das ursprüngliche Reise- und Weinland Franken in seiner schönsten Form.

Info: In der Region Franken gelegen. **Info Bocksbeutelstrasse:** www.bocksbeutelstrasse.de, www.fraenkisches-weinland.de, www.mainradweg.com.

Mittelfranken

Das eher ländlich geprägte Mittelfranken erstreckt sich von der Hauptstadt Ansbach im Westen bis Nürnberg sowie Fürth im Osten und dem Fränkischen Seenland im Süden. Die ganze Vielfalt Frankens spiegelt sich hier auf kleinstem Raum wieder. Das Ansbacher Rokokoschloss, die romantischen Mittelalterstädte Dinkelsbühl und Rothenburg ob der Tauber, Nürnberg mit seiner Burg und das Erbe der Römer am Limes bei Weißenburg: Hier ist Geschichte lebendig. Zu den Hotspots zum Abkühlen zählen der künstlich angelegte Altmühlsee und der Brombachsee.

ANSBACH ➡ F6

Die glanzvolle Vergangenheit Ansbachs (41 000 Einwohner) ist noch heute im Stadtbild sichtbar. Prächtige Häuserzeilen und die markgräfliche Residenz zeugen von der früheren Bedeutung der jungen Universitätsstadt. Der Ort, am Zusammenfluss von Rezat und Onolzbach im 8. Jahrhundert entstanden, wuchs vor allem durch die Hohenzollern. Herzstück der Altstadt ist die von den Markgrafen erbaute **Residenz** im »Ansbacher Rokoko«, einem ungewöhnlichen architektonischen Stil. Im **Hofgarten** mit Orangerie lohnt sich immer ein Spaziergang.

Die Orangerie im Ansbacher Hofgarten stammt aus dem 18. Jahrhundert

In der Altstadt von Ansbach

Flaniert man durch die engen Gassen und über die Plätze, fallen vielen facettenreiche Gebäude auf, etwa die markante **Hofkanzlei** oder der **Beringershof**, ein ehemaliger Stiftshof mit wunderschönem Innenhof. An den bekanntesten Sohn der Stadt, Kaspar Hauser, erinnert ein Gedenkstein im Hofgarten. Hauser fiel 1833 mit 21 Jahren einer Messerattacke zum Opfer. Wer der junge, verwahrloste Mann war, ist bis heute ein Rätsel.

Tourist Information ➡ F6
Johann-Sebastian-Bach-Platz 1
91522 Ansbach
✆ (09 81) 512 43
www.ansbach.de

Markgrafenmuseum ➡ F6
Kaspar-Hauser-Platz 1
Ansbach
✆ (09 81) 977 50 56
www.ansbach.de
In einem reizvollen Gebäudekomplex aus dem 14. bis 18. Jh. beherbergt das Museum Exponate aus der Stadtgeschichte und eine Abteilung über den Mythos Kaspar Hauser.

Ein sommerliches Maskenfest: die Rokoko-Festpiele in Ansbach

Das Herrieder Tor ist Ansbachs Wahrzeichen

Herrieder Tor ➡ F6
Uzstr. 30, Ansbach
Wahrzeichen der Stadt ist der 47 Meter hohe, achteckige Turm, der um 1750 entstanden ist. Das Glockenspiel ist täglich um 11 und 17 Uhr zu hören.

Markgräfliche Residenz ➡ F6
Promenade 27, Ansbach
✆ (09 81) 953 83 90
www.ansbach.de
Bei den Führungen durch den Spiegelsaal und 27 Prunkräume erlebt man den Glanz vergangener Zeiten. Den doppelgeschossigen Festsaal schmückt ein Deckenfresko des italienischen Malers Carlo Carlone. Höhepunkte der Fayencemanufaktur und eine Sammlung Meissener Porzellan sind zu bewundern, ebenso Gemälde aus der markgräflichen Galerie. Orangerie und Hofgarten sind dem französisch-barocken Stil nachempfunden. Heute dient die Orangerie als Konzert- und Tagungsstätte mit historischem Flair.

St. Gumbertus ➡ F6
Gumbertusplatz 1
Ansbach
Die barocke Saalkirche mit gotischem Anbau und den drei Türmen ist stadtbildprägend. Die Schwanenritterkapelle diente als Grablege der Ansbacher Markgrafen. Sehenswert ist das »Kelterbild« aus der Schule Albrecht Dürers.

Schwarzer Bock ➡ F6
Pfarrstr. 31, Ansbach
✆ (09 81) 42 12 40
schwarzerbock.de
Fränkische Küche mit regionalen Produkten, verbunden mit traditioneller Wirtshauskultur. Das denkmalgeschützte Gebäude stammt aus dem 17. Jh. €€

Café Alte Residenzapotheke ➡ F6
Johann-Sebastian-Bach-Platz 11
Ansbach
✆ (09 81) 97 77 75 33
alteresi.de
Modernes Ambiente in historischem Haus. Hausgemachte Kuchen und Torten, kleine Speisen und eine große Cocktailkarte. €–€€

Markgräfliche Residenz, erbaut im Stil des »Ansbacher Rokoko«

Beachtenswertes Detail der Fachwerkarchitektur

Das Rathaus von Bad Windsheim ist ein Barockbau aus dem 18. Jahrhundert

BAD WINDSHEIM ➡ E5

Zwischen der Frankenhöhe und dem Naturpark Steigerwald liegt das Heilbad Bad Windsheim (12 300 Einwohner). Die Solequellen wurden bereits Mitte des 18. Jahrhunderts genutzt. Zentrum der einst kleinsten fränkischen Reichsstadt ist der **Marktplatz** mit dem prächtigen Barockbau als Rathaus. In den verwinkelten Gassen zeugen zahlreiche Gebäude aus dem Mittelalter, der Renaissance und dem Rokoko von der einstigen Bedeutung. Die Stadt setzt viel daran, das historische Stadtbild als Juwel zu erhalten. Mit der **Spitalkirche** steht ein Teil des Freilandmuseums direkt in der Altstadt, ebenso eine der ältesten **Fachwerkscheunen** Mitteleuropas aus dem Jahr 1341.

Tourist Information ➡ E5
Marktplatz 1
91438 Bad Windsheim
✆ (098 41) 402 70
www.bad-windsheim.de

Bad Windsheim ist das einzige Heilbad in Mittelfranken

Freilandmuseum ➡ E5
Eisweiherweg 1
Bad Windsheim
✆ (098 41) 668 00
freilandmusesum.de
Eine Reise durch 700 Jahre fränkische Geschichte vermittelt, wie die ländliche Bevölkerung gelebt und gearbeitet hat. Über 120 Gebäude sind zu besichtigen, teilweise noch originalgetreu eingerichtet. Handwerker stellen ihre Arbeit vor.

Museum Kirche in Franken ➡ E5
Rothenburger Str. 16
Bad Windsheim
✆ (098 41) 66 80 25
freilandmuseum.de
Fränkischer Protestantismus, dessen Geschichte und Traditionen, stehen im Mittelpunkt des Kirchenmuseums, das in der Spitalkirche untergebracht ist. Beleuchtet werden das Miteinander in der Ökumene, aber auch die gemeinsamen Ursprünge bis ins Mittelalter.

Franken-Therme ➡ E5
Erkenbrechtallee 10
Bad Windsheim
✆ (098 41) 403 00
franken-therme.net
Thermalbad mit großem Wellnessbereich und Thermalhallen. Besonderheit ist der ganzjährig beheizte Salzsee, in dem man wie im Toten Meer baden kann.

Traumhaft schön: das Fachwerk in Dinkelsbühl

5 DINKELSBÜHL ➡ G5

Dass sich Dinkelsbühl (12 100 Einwohner) über die Prämierung als »schönste Altstadt Deutschlands« durch das Nachrichtenmagazin Focus gefreut hat, kann man verstehen. Der malerische Ort ist mindestens genauso sehenswert, aber lange nicht so touristisch überlaufen wie Rothenburg. Das Zentrum der früheren Reichsstadt, die auf einen fränkischen Königshof um das Jahr 730 zurückgeht, strahlt nach wie vor spätmittelalterliches Flair aus. Von den 780 Häusern, die zusammen das »**europäische Kulturdenkmal Dinkelsbühl**« bilden, sind fast die Hälfte um 1500 entstanden. Die mehr als zwei Kilometer lange **Stadtmauer** mit ihren 26 Türmen umschließt den historischen Kern. Prächtige Herrenhäuser wie die ehemalige Ratstrinkstube und das Münster **St. Georg**, eine spätgotische Hallenkirche, prägen den Marktplatz und den Weinmarkt. Sie zeugen noch immer vom früheren Reichtum des Handelszentrums.

Dass die Stadt im Dreißigjährigen Krieg nicht zerstört wurde, hat sie einigen Kindern zu verdanken. Zusammen mit ihrem Kindermädchen konnten sie der Legende nach die schwedischen Soldaten davon überzeugen, die Stadt nicht zu plündern. Daran erinnert die »Kinderzeche«, ein Stadtfest im Juli, mit Aufführungen von mehr als 1000 Mitwirkenden und Festzügen.

Tourist Information ➡ G5
Altrathausplatz 14
91550 Dinkelsbühl
✆ (098 51) 90 24 40
www.tourismus-dinkelsbuehl.de

Haus der Geschichte ➡ G5
Altrathausplatz 14
Dinkelsbühl
✆ (098 51) 90 21 80
www.hausdergeschichte-dinkelsbuehl.de
Die facettenreiche Geschichte der Reichsstadt und ihrer Bewohner ist Thema einer Ausstellung im Alten Rathaus. In dem reizvollen Gebäudekomplex aus dem 14. bis 16. Jh. werden mehr als 800 Jahre spannend, zeitgemäß und kindgerecht beleuchtet.

Museum der 3. Dimension ➡ G5
Am Nördlinger Tor, Dinkelsbühl
✆ (098 51) 63 36
3d-museum.de

Die Wehrmühle Dinkelsbühl, eine alte Stadtmühle in der einstigen Stadtbefestigung, beherbergt das Museum der 3. Dimension

In der historischen Stadtmühle neben dem Nördlinger Tor verbirgt sich eine interaktive Welt in 3-D – Holografien, 3-D-Fotografien, optische Illusionen und Vexierbilder. Das Museum zeigt auch Techniken, die schon im Mittelalter zur Rekonstruktion der Tiefe des Raumes eingesetzt wurden.

Münster St. Georg ➡ G5

Marktplatz 1, Dinkelsbühl
Mit einer reichen Ausstattung zieht die spätgotische Hallenkirche, eine der schönsten in Süddeutschland, die Besucher an. Bemerkenswert ist das »Brezenfenster« im südlichen Chor, eine Stiftung der Bäckerzunft. Einen Panoramablick genießt man vom Turm aus. Die Besteigung ist bei gutem Wetter zwischen Mai und Oktober möglich.

Spitalanlage ➡ G5

Altrathausplatz 14, Dinkelsbühl
Ein reizvolles Ensemble bildet die Spitalanlage aus dem 13. Jh. Neben der Kirche fällt das ehemalige Waisenhaus auf, das ein kunstvoller Fachwerkgiebel ziert. Im Innenhof ist altes Handwerksgerät ausgestellt. Die ehemalige Spitalscheune dient heute als Theaterspielstätte.

Die Stadtmauer mit ihren 26 Türmen umschließt den historischen Stadtkern

Das Dinkelsbühler Münster beeindruckt mit prächtiger Ausstattung

Altdeutsches Restaurant ➡ G5
Weinmarkt 3
Dinkelsbühl
✆ (098 51) 60 58
www.deutsches-haus-dkb.de
Aus dem Jahr 1440 stammt das Patrizierhaus gegenüber dem Münster. Das Hotelrestaurant verwöhnt mit raffinierten regionalen und internationalen Gerichten. €€–€€€

hezelRestaurant ➡ G5
Segringer Str. 7
Dinkelsbühl
✆ (098 51) 589 68 60
www.hezelhof.com
Außen historisch, innen modern: Das Restaurant des Hotels Hezelhof hat sich Spezialitäten mit hochwertigem Fleisch aus Argentinien und Uruguay verschrieben. Vom Burger bis zum Steak ist die Auswahl groß. €€

Das Wörnitztor mit Buckelquadern aus der Stauferzeit ist das älteste der vier Stadttore von Dinkelsbühl

ERLANGEN ➡ E7

Wie mit dem Lineal gezogen sind die Straßen von Erlangen (112 000 Einwohner). Die Stadt an der Regnitz gilt als eine der besterhaltenen barocken Planstädte in Deutschland. Gleichzeitig ist sie die Bierstadt Mittelfrankens. Dem Gerstensaft wird vor allem beim ältesten Volksfest Deutschlands, der Bergkirchweih, gefrönt.

Das Bild Erlangens prägte Markgraf Christian Ernst, der den Hugenotten 1686 in einem eigenen Stadtteil Schutz und Heimat bot. Das Quartier entstand streng geometrisch auf dem Reißbrett. Nach einem Brand 1706 wurde das Modell der geraden Linien auch auf die Altstadt übertragen.

Das **Schloss der Markgrafen**, im Stil des französischen Klassizismus gehalten, bildet zusammen mit Schlossgarten, Orangerie und Konkordienkirche das erste in sich geschlossene höfische Bauensemble Frankens. Vom **Burgberg**, in den ab 1675 Felsenkeller der Brauereien einzogen, hat man einen schönen Blick auf die Stadt. Im **Skulpturengarten Heinrich Kirchner** sind bronzene Großplastiken des Künstlers ausgestellt. Erlangen hat sich nach dem Zweiten Weltkrieg zur Siemensstadt entwickelt und im Laufe der Jahre zu einem Hightech-Standort gemausert.

Hochbetrieb auf der Erlanger Bergkirchweih

Opulenter Witwensitz

Markgräfliches Schloss Erlangen

Erlangen, Bayern

Das fränkische Erlangen präsentiert sich in seinem historischen Kern zunächst als charmante, durchaus lebendige und gepflegte, nostalgisch anmutende Provinzstadt mit einer Reihe etwas verblichener barocker

Westfassade des Markgräflichen Schlosses am Schlossplatz in Erlangen

Prachtbauten. Wer jedoch meint, hier liefen die Uhren langsamer als anderswo, der irrt gewaltig, denn die zweitgrößte Universitätsstadt Bayerns nimmt mit ihren naturwissenschaftlich-technischen Forschungsstätten in der Zusammenarbeit mit weltweit agierenden Unternehmen eine weit über Deutschland hinausgehende Spitzenposition ein.

Die wichtigste Sehenswürdigkeit der Stadt ist das Markgräfliche Schloss. Den äußerlich eher schlicht wirkenden, lang gestreckten, dreigeschossigen barocken Repräsentationsbau schenkte Markgraf Christian Ernst 1703 seiner dritten Ehefrau Elisabeth Sophie als Witwensitz. Nachdem viel später, am 14. Januar 1814, ein verheerender Großbrand weite Teile der Anlage vollständig vernichtet hatte, entschied man sich für einen etwas nüchternen Wiederaufbau. Eingezogen ist die Verwaltung der Universität. Der Schlossgarten an der Rückseite der Residenz wurde ursprünglich im französischen Stil angelegt, dann aber gegen Ende des 18. Jahrhunderts zu einem englischen Landschaftsgarten umgestaltet. Hier findet jeden Sommer eines der größten Gartenfeste Europas statt. Auch in das im Süden des Schlossgartens gelegene Kollegienhaus ist die Universität eingezogen.

Als Ausdruck ihres Danks für die Aufnahme in Erlangen ließen die Hugenotten ihrem Landesfürsten den barocken Hugenottenbrunnen hinter dem Schloss errichten. Vergleichbar einer Pyramide aus Stein mit der Reiterstatue des Markgrafen als Abschluss sieht man 45 Figuren. Dargestellt sind neben antiken Gottheiten die französischen Flüchtlinge.

Info: Erlangen liegt ca. 20 km nördlich von Nürnberg. **Info Erlangen:** Tourist Information Erlangen, Goethestr. 21 A, 91054 Erlangen, Tel. (091 31) 895 10, www.erlangen.info.

Barockbau der Neustädter Universitätskirche

Uhr an der Hugenottenkirche

Tourist Information ➡ E7
Goethestr. 21 A
91054 Erlangen
✆ (091 31) 895 10
www.erlangen.info

Biermuseum Steinbach Bräu ➡ E7
Vierzigmannstr. 4, Erlangen
✆ (091 31) 89 59 12
www.steinbach-braeu.de
Besichtigung nach Anmeldung
Schon seit 400 Jahren wird in der Bierstadt gebraut. Alles über die Geschichte der Braukunst, über den Gerstensaft und die 20 Brauereien erfahren Besucher im Museum der Brauerei.

Siemens Healthineers MedMuseum ➡ E7
Gebbertstr. 1, Erlangen
✆ (091 31) 84 54 42
www.medmuseum.siemens-healthineers.com

Die lange Historie der Medizintechnik von Siemens kann man multimedial erleben. Die rund 200 Exponate reichen von den Anfängen der Röntgentechnik und Labordiagnostik bis zu aktuellen Technologien.

Stadtmuseum ➡ E7
Martin-Luther-Platz 9
Erlangen
✆ (091 31) 86 23 00
www.stadtmuseum-erlangen.de
Die Geschichte vom mittelalterlichen »Erlang« über die Hugenotten-Stadt mit Residenz und Universität bis zur heutigen Siemens-Stadt wird in der Ausstellung dokumentiert.

Aromagarten ➡ E7
Palmsanlage, Erlangen
✆ (091 31) 852 29 69
www.botanischer-garten.fau.de
Eintritt frei
Im rund 1 ha großen Aromagarten gedeihen 120 heimische und exotische Duft- und Aromapflanzen. Die Anlage gehört zum Botanischen Garten, der direkt neben der Orangerie liegt.

Im Botanischen Garten von Erlangen

Böse Clowns_reloaded, eine Ausstellung im Kunstpalais im Jahr 2016

Zeitgenössische Kunst im Herzen der Stadt

KUNSTPALAIS

Erlangen, Bayern

Das Team des Kunstpalais will etwas bewegen, das spüren die Besucherinnen und Besucher. Und die Kunstschaffenden. Es geht um die Potentiale der Kunst, um die Denkanstöße und ergreifenden ästhetischen Erfahrungen, die sie ermöglicht, um die Begeisterung und die Kontroversen, die sie hervorrufen kann, und nicht zuletzt um gesellschaftliche Relevanz. Im Museum für internationale zeitgenössische Kunst der Stadt Erlangen will man avantgardistische, brisante und fruchtbare Positionen der globalen Kunstwelt zeigen, damit sie vor Ort erfahren und diskutiert werden können.

In vier bis sechs wechselnden Ausstellungen jährlich wird auf rund 500 Quadratmetern Ausstellungsfläche ein vielfältiges Programm mit klar gesetzten Schwerpunkten präsentiert. Insbesondere mit ihren Werken überzeugende Künstlerinnen und Künstler, die bisher noch keine institutionelle Einzelausstellung bzw. größere Präsentation in Deutschland/Europa hatten, erhalten hier die Möglichkeit, diesen wichtigen Schritt zu gehen.

Zudem werden thematische Gruppenausstellungen kuratiert, die sich gesellschaftlich relevanten Themen und deren Echo in der zeitgenössischen Kunst widmen. Wie gehen Kunstschaffende z. B. Fragestellungen rund um die Vielfalt von Familie, die Umwelt oder den Umgang mit verbotenen Substanzen nach? Durch den Bezug der thematischen Schwerpunkte zu Alltagserfahrungen bieten solche Gruppenausstellungen sowohl neugierigen Erstbesuchern als auch den im Kunstbereich Heimischen einen ganz direkten Zugang zu den ausgestellten Werken. Nicht zuletzt spielt natürlich auch die stetig wachsende, sehr engagiert zusammengetragene Städtische Sammlung bei der Programmplanung eine wichtige Rolle.

Das Kunstpalais residiert im ehemaligen Palais Stutterheim

Der Anspruch, möglichst viele Menschen – unabhängig von Alter, Herkunft, Religion und Bildung – zu erreichen, schlägt sich auch in der Kunstvermittlung des Hauses nieder. Neben klassischen Führungen werden Workshops und Veranstaltungen angeboten, die in der Auseinandersetzung mit zeitgenössischer Kunst Neugier wecken, zum gemeinsamen Austausch anregen, Impulse geben und die eigene Kreativität stärken sollen.

Mit nach Hause nehmen kann man neben den vielen Eindrücken individuell gestaltete Kataloge und Künstlerbücher, die anlässlich vieler Einzel- und Gruppenausstellungen erscheinen.

INFO: Im Zentrum von Erlangen gelegen. **INFO KUNSTPALAIS:** Palais Stutterheim, Marktplatz 1, 91054 Erlangen, Tel. (091 31) 86 27 35, www.kunstpalais.de.

Die Orangerie im Schlossgarten wird heute von der Universität Erlangen genutzt

Markgrafentheater ➡ E7
Theaterplatz 2, Erlangen
✆ (091 31) 86 25 11
www.theater-erlangen.de
Das hübsche Theater, 1719 als »Opern- und Comoedien-Haus« eingeweiht, wird noch heute bespielt. Damit ist es das älteste Barocktheater Süddeutschlands, in dem noch regelmäßig Aufführungen stattfinden.

Entlas Keller Biergarten ➡ E7
An den Kellern 5–7, Erlangen
✆ (091 31) 221 00
www.entlaskeller.de
Schöner Biergarten mit verschiedenen Biersorten, darunter das Rauchbier Schlenkerla, und fränkischen Speisen wie Schäufele. Führung durch den Keller möglich. €–€€

Locanda ➡ E7
Marktplatz 3, Erlangen
✆ (091 31) 976 62 09
www.locanda.de/erlangen
Zentral gelegenes Lokal beim Palais Stutterheim. Italienische und mediterrane Gerichte. €–€€

FEUCHTWANGEN ➡ G5

Ein Benediktinerkloster, das Karl der Große gestiftet haben soll, war der Ursprung von Feuchtwangen (12 500 Einwohner). Die wechselvolle Geschichte hat Spuren hinterlassen in der Altstadt rund um den **Marktplatz**, der den Beinamen »Festsaal Frankens« trägt. Fachwerkgebäude und prächtige Bürgerhäuser säumen den Platz. Wahrzeichen ist die **Stiftskirche** mit einem sehenswerten Altar und dem geschnitzten Chorgestühl. Als Kulturstadt hat sich der Ort an der Sulzach einen Namen gemacht.

Tourist Information ➡ G5
Marktplatz 1
91555 Feuchtwangen
✆ (098 52) 904 55
www.tourismus-feuchtwangen.de

Fränkisches Museum ➡ G5
Museumsstr. 19
Feuchtwangen
✆ (098 52) 25 75
www.fraenkisches-museum.de

Feuchtwangens Marktplatz, der »Festsaal Frankens«, mit barockem Röhrenbrunnen

Der Verein für Volkskunst und Volkskunde, der sich der Bewahrung fränkischer Kulturgüter der ländlichen Bevölkerung widmet, hat das Museum 1902 ins Leben gerufen. Neben Möbeln, Alltags- und Kunstgegenständen von Barock bis Jugendstil ist auch eine umfangreiche Sammlung von Fayencen zu sehen.

Sängermuseum ➡ G5
Am Spittel 4–6, Feuchtwangen
✆ (098 52) 48 33
www.saengermuseum.de
Das einzige Chormuseum Deutschlands widmet sich den Gesangvereinen und dem organisierten Chorgesang.

Kreuzgangfestspiele ➡ G5
Marktplatz 2
Feuchtwangen
✆ (098 52) 904 44
www.kreuzgangfestspiele.de
Im romanischen Kreuzgang des Klosters finden seit 1949 im Sommer Festspiele statt. Das Freilufttheater als Bühne für namhafte Schauspieler und die zahlreichen Konzerte renommierter Musiker genießen auch überregional einen hervorragenden Ruf. Parallel zu den Festspielen finden Kunstausstellungen statt.

Kreuzgang des ehemaligen Klosters des hl. Erlösers in Feuchtwangen

Der Altmühlsee nordwestlich von Gunzenhausen lädt zum Baden, Segeln und Surfen ein – oder einfach zum entspannten Blick über das Wasser

6 FRÄNKISCHES SEENLAND ➡ F/G6/7

Altmühlsee, Großer und Kleiner Brombachsee, Igelsbach- und Rothsee bilden zusammen mit dem Dennenloher und dem Hahnenkammsee das Fränkische Seenland – eine künstliche Wasserlandschaft mit rund 20 Quadratkilometern Fläche. Umgesetzt wurde das gigantische Projekt in den 1970er Jahren durch den Freistaat Bayern mit dem Ziel, die Wasserknappheit zu beseitigen. So entstanden drei Stauseen und weitere künstliche Anlagen. Mit 8,7 Quadratkilometern Fläche ist der **Große Brombachsee** ➡ G6/7 das Zentrum des Seenlands. Heute hat sich die Region zu einem Naherholungsgebiet für das rund 50 Kilometer nördlich gelegene Nürnberg und zu einem Hotspot nicht nur für Segler und Surfer entwickelt.

Tourismusverband Fränkisches Seenland ➡ G6
Hafnermarkt 13, 91710 Gunzenhausen
✆ (098 31) 50 01 20, www.fraenkisches-seenland.de

Vogelinsel ➡ G6
LBV-Umweltstation Altmühlsee
Schlossstr. 2, Muhr a.See
✆ (098 31) 48 20
Mit über 200 ha nimmt das Naturschutzgebiet Vogelinsel, ein bedeutender Brut- und Rastplatz, mehr als 40 Prozent der Fläche des Altmühlsees ein. Zum Aussichtsturm führt ein barrierefreier Rundweg.

Vogelinsel im Altmühlsee

Schifffahrt ➡ G7
Am Anger 10, Pleinfeld-Ramsberg
✆ (091 44) 92 70 50, www.msbrombachsee.com
Zur Rundfahrt über den Großen Brombachsee startet man mit dem Trimaran »MS Brombachsee«. Das Drei-Rumpf-Schiff wurde speziell für die schwankenden Wasserstände des Sees konstruiert. Auf dem Altmühlsee fährt die »MS Altmühlsee« (vgl. Gunzenhausen, Seite 136). Beide Schiffe sind barrierefrei.

Auf den Spuren des kommunalen Gerstensafts

Hopfen- und Bierstadt Spalt

Spalt, Bayern

Mittelfranken ist für seine vielen kleinen, regionalen Brauereien bekannt und gilt als Bierland schlechthin. Unter Bierkennern und solchen, die es noch werden wollen, besonders hoch gehandelt wird das altehrwürdige Spalt, mit seiner mittelalterlichen Stadtbefestigung mitten im Urlaubsgebiet Fränkisches Seenland gelegen, denn im ältesten Hopfenanbaugebiet Deutschlands gibt es hier die bundesweit einzige kommunale Brauerei. Sie gehört rund 5000 Spalter Bürgern und braut 21 Biersorten.

Im Museum HopfenBierGut in Spalt

Tradition in Ehren: Braumeister Uwe Schulz hält sich an das Reinheitsgebot von 1516. Er verwendet Malz nur aus der Region, hauseigenes Quellwasser, feinste Brauhefe und die Aromahopfensorte »Spalt – Spalter«. Diese ist international bei qualitätsbewussten Brauern bekannt und gedeiht auf 90 Prozent des Hopfenlands in der Umgebung. Urkundlich erwähnt wurde der Hopfenanbau rund um Spalt erstmals um das Jahr 1341. 1538 erhielt der Spalter Hopfen das erste Hopfensiegel der Welt. Er durfte weder andernorts angepflanzt noch exportiert werden. Erst später führten andere Anbaugebiete Gütesiegel ein.

Spalt entstand etwa 800 n. Chr. um ein Kloster der Regensburger Abtei St. Emmeram. Die hohen Giebel der Fachwerkhäuser mit fünf bis sieben Böden sind mit der Hopfenkultur verknüpft. Hier trocknete die Hopfenernte dank der Luft, die durch Giebelläden und Dachgauben zirkulierte, hervorragend. Ein eindrucksvolles Beispiel, das historische Kornhaus, beherbergt heute die Tourist Information und das Museum HopfenBierGut, das die Hopfengeschichte multimedial aufbereitet. Interessierte können in Spalt ganzjährig an Braukursen, Bierseminaren und Verkostungen teilnehmen oder sich bei einer Nachtwächterführung von der Ortsgeschichte faszinieren lassen.

Info: Spalt liegt 40 km südlich von Nürnberg, nicht weit entfernt vom Brombach- und Igelsbachsee. **Info Spalt und Museum:** Tourist Information und Museum HopfenBierGut, Gabrieliplatz 1, 91174 Spalt, Tel. (09 175) 79 65 50, www.frankentourismus.de, hopfenbiergut.de.

FÜRTH ➡ E7

Die Wissenschaftsstadt Fürth (136 000 Einwohner) hat nicht nur ein modernes Gesicht, sondern auch ein historisches. Die »kleine Schwester« von Nürnberg, die am liebsten gar nicht im selben Atemzug mit der Metropole genannt werden will, verdankt ihren Aufschwung im 19. Jahrhundert Kaufleuten und Industriellen. Großen Anteil daran hatte auch die Eisenbahn. Am 7. Dezember 1835 verkehrte erstmals die Dampflok »Adler« auf der sechs Kilometer langen Strecke zwischen Fürth und Nürnberg. In den 1950er Jahren profitierte die Stadt vom Unternehmergeist eines Paul Metz oder Max Grundig. Der Kaufmann Gustav Schickedanz hatte bereits 1927 das Versandhaus Quelle gegründet. Der »Vater des Wirtschaftswunders«, Ludwig Erhard, stammt ebenfalls aus der Kleeblattstadt.

Einen guten Überblick über Fürth hat man vom **Rathausturm**, der wie das ganze Gebäude nach dem Vorbild des Palazzo Vecchio in Florenz um 1840 entstand. Einen Abstecher wert ist das **Stadttheater**, im Stil des Neobarock errichtet. Nicht nur im Viertel hinter dem Rathaus finden sich viele klassizistische Gebäude, Jugendstil und Historismus präsentieren sich in der **Hornschuchpromenade** und in der Südstadt.

Von vielen Orten der Stadt zu sehen: der Rathausturm

i Tourist Information ➡ E7
Bahnhofplatz 9, 90762 Fürth
✆ (09 11) 974 35 00
www.tourismus-fuerth.de

Das Stadttheater Fürth wurde 1901/02 im neobarocken Stil erbaut

Der Grüne Markt in Fürth mit Gauklerbrunnen, im Hintergrund die Kirche St. Michael

Fachwerk und Sandstein

Fürth

Fürth, Bayern

Groß fällt die Fürther Altstadt wirklich nicht aus. Dafür ist sie eine Schatztruhe der Architekturgeschichte. Schöne alte Fachwerkhäuser glänzen neben barocken Sandsteinhäusern, ganze Straßenzüge mit Gründerzeit-, Klassizismus- und Jugendstilhäusern prägen die Innenstadt. Was die Anzahl der Denkmäler angeht, hat Fürth im Vergleich zu anderen Städten die Nase ganz weit vorn: 2000 Schmuckstücke kann die Stadt aufweisen.

Ein Spaziergang durch Fürth gleicht einer Zeitreise durch die Geschichte. Die Kirche St. Michael, das älteste erhaltene Bauwerk der Stadt, stammt aus dem 15. Jahrhundert und das Stadttheater ist mit seiner geschmückten Fassade im Neobarockstil eines der schönsten Gebäude in Fürths Zentrum. Vor gut 100 Jahren wurde es von der Bevölkerung selbst finanziert. Das im italienischen Stil erbaute Rathaus erinnert stark an sein Vorbild, den Turm des Palazzo Vecchio in Florenz. Am Grünen Markt stehen mittelalterliche Fachwerkhäuser. Die Gustavstraße bietet noch dazu ein uriges Kneipen-Flair.

Insbesondere zwei Prachtstraßen zeugen von der Belle Époque der reichen Gründerzeit: Hornschuchpromenade und Königswarterstraße. In diesen eleganten Straßen mit 31 restaurierten Sandsteinhäusern wohnten Ende des 19. Jahrhunderts wohlhabende Bürger. Die prächtigen Hauseingänge, schmiedeeisernen Balkongitter, Türmchen, Erker und Ornamente wie Engelköpfe, Frauengesichter und wilde Männer können von den Grünanlagen in der Mitte der Straßen aus betrachtet werden.

Eine Besonderheit in der über 1000-jährigen Geschichte Fürths war die Jahrhunderte währende Dreierherrschaft über die Stadt: Die Dompropstei Bamberg, die Marktgrafschaft Ansbach und die Reichsstadt Nürnberg stritten sich um die Macht in Fürth. Diese Kuriosität könnte eine Erklärung für das dreiblättrige Kleeblatt im Wappen der Stadt sein – und hatte auch gute Seiten. Was der eine nicht gewährte, war vom anderen zu holen. So entstanden in Fürth Verhältnisse, die freiheitlicher waren als in anderen Städten. Dies war auch ein Grund dafür, dass sich zahlreiche jüdische Bürger hier niederließen. Jeder fünfte Einwohner war in Fürth zu Beginn des 19. Jahrhunderts Jude. Im Museum in der Königstraße werden Zeugnisse jüdischer Vergangenheit gezeigt.

Info: Fürth liegt ca. 10 km nordwestlich von Nürnberg. **Info Fürth:** Tourist Information, Bahnhofsplatz 9, 90762 Fürth, Tel. (09 11) 974 35 00, www.tourismus-fuerth.de.

Die Fürther Altstadt, vom Rathausturm aus gesehen

Blick in die Dauerausstellung:
Wirtschaftswunderland mit Isetta

Mehr als ein Museum

Ludwig Erhard Zentrum

Fürth, Bayern

Die Wiege der Sozialen Marktwirtschaft steht in Fürth – gemeint ist das denkmalgeschützte Geburtshaus von Ludwig Erhard, dem späteren Bundeswirtschaftsminister und Bundeskanzler, das heute Teil des Ludwig Erhard Zentrums (LEZ) ist. Mit dem LEZ entstand ein deutschlandweit einzigartiges Dokumentations-, Ausstellungs-, Forschungs- und Begegnungszentrum zu Ludwig Erhard und seinem Konzept der Sozialen Marktwirtschaft. Im Geburtshaus und dem markanten Neubau gegenüber beherbergt es eine 1400 Quadratmeter große Dauerausstellung, eine Fläche für Sonderausstellungen, einen Lernsupermarkt für Vor- und Grundschulkinder, das »Ludwig Erhard – ifo Zentrum für Soziale Marktwirtschaft und Institutionenökonomik« und das nostalgische Café Luise.

Die Dauerausstellung präsentiert Fotografien und Artefakte der Familie und ihres Textilgeschäfts erstmals der Öffentlichkeit. Sie beginnt im Geburtshaus in der ehemaligen Wohnung der Erhards, das sich dem »Fürther Erhard«, dessen Biografie sowie der Zeit- und Wirtschaftsgeschichte bis 1945 widmet. Im Neubau stehen der Politiker Ludwig Erhard, seine Konzeption der Sozialen Marktwirtschaft sowie die wirtschaftliche und gesellschaftliche Entwicklung der Bundesrepublik im Fokus. Hier befindet sich seit Anfang 2022 auch der neue Ausstellungsbereich »LUDWIG ERHARD – IM ORIGINAL«. Die sogenannte Schatz- oder Herzkammer ist ein ganz besonderer, ein intimer Raum. Gezeigt werden Alltagsgegenstände, Erinnerungsstücke, Bilder und Porträts aus dem persönlichen Nachlass, die den Menschen Ludwig Erhard greifbar machen.

Mit vielen Exponaten, musealen Inszenierungen und über 50 Medienstationen präsentiert das LEZ Geschichte auf lebendige und unterhaltsame Weise. Highlight und Schlusspunkt der Dauerausstellung ist der digitale Zukunftsraum, der Ludwig Erhards Ideen in die Gegenwart und Zukunft transportiert und ein spektakuläres, interaktives Multimedia-Erlebnis bietet. Eine riesige Projektionsfläche ermöglicht das Eintauchen in große Zukunftsthemen wie Globalisierung, Digitalisierung, Nachhaltigkeit und demografischen Wandel.

Nach dem Rundgang lädt das Café Luise, das mit seinen samtenen Cocktailsesseln und Nierentischchen das Flair der Wirtschaftswunderjahre erweckt, zu Erholung und Genuss ein. In den Sommermonaten kann man im lauschigen Innenhof wunderbar entspannen.

Info: Im Stadtzentrum gelegen. **Info Ludwig Erhard Zentrum:** Ludwig-Erhard-Str. 6, 90762 Fürth, Tel. (09 11) 621 80 80, www.ludwig-erhard-zentrum.de.

Der markante Neubau des LEZ erhebt sich vor dem historischen Fürther Rathaus

Der Rathausturm überragt die Fürther Altstadt

Jüdisches Museum Franken ➡ E7

Königsstr. 89, Fürth
✆ (09 11) 950 98 80, www.juedisches-museum.org
Fürth wird auch als das »fränkische Jerusalem« bezeichnet. Geschichte, Kultur und Alltag der Juden in Franken seit dem Mittelalter werden in dem ehemaligen Wohnhaus einer jüdischen Familie dargestellt.

Ludwig Erhard Zentrum ➡ E7

Ludwig-Erhard-Str. 6, Fürth
✆ (09 11) 621 80 80
www.ludwig-erhard-zentrum.de
Im Geburtshaus von Ludwig Erhard und dem markanten Neubau gegenüber beschäftigt sich die Dauerausstellung mit dem Politiker, seiner Konzeption der Sozialen Marktwirtschaft und der Zeitgeschichte.

Vielfältige Grünanlagen bieten Erholung in Fürth

Rundfunkmuseum ➡ E7

Kurgartenstr. 37 A, Fürth
✆ (09 11) 974 37 20, rundfunk-museum.de
Wegen Sanierung und Neugestaltung geschlossen: Die ehemalige Grundig Direktion wird gerade zum Haus rund um auditive Medienkulturen weiterentwickelt.

Stadtmuseum Fürth ➡ E7

Ottostr. 2, Fürth
✆ (09 11) 974 3730
Gezeigt werden eine interessante Dauerausstellung zur Stadtentwicklung und wechselnde Sonderausstellungen. Auch Kulturveranstaltungen finden hier statt.

Zum Alten Rentamt ➡ E7
Gustavstr. 61, Fürth
✆ (09 11) 74 74 07
www.zumaltenrentamt.de
In dem historischen Gebäude von 1724 wurde 1903 die Spielvereinigung Greuther Fürth mit dem bekannten Fußballclub gegründet. Viele Schmankerl und Spezialitäten vom Grill. Mit Biergarten. €€

GUNZENHAUSEN ➡ G6

Direkt am **Altmühlsee** gelegen hat sich Gunzenhausen (17 000 Einwohner) zu einem Hotspot für Erholungssuchende und Wassersportler entwickelt. Im Sommer zieht es Scharen von Menschen ans Ufer. Surfer und Segler fühlen sich wohl, zur Mini-Kreuzfahrt startet man mit der MS Altmühlsee.

Gunzenhausen hat eine schöne Altstadt und eine reiche Geschichte – schließlich bauten die Römer im 2. Jahrhundert den **Obergermanisch-Rätischen Limes**. Im Burgstallwald wurden die Reste einiger Wachtürme freigelegt.

Zentrum ist der **Marktplatz** mit Glockenturm, barockem Amtshaus, Stadtvogtei und Rathaus. Sehenswert ist auch das **Markgräfliche Jagdschloss**, das um 1749 im barocken Stil entstand. Heute dient es als Location für Konzerte.

Färberturm im Stadtzentrum von Gunzenhausen

Versteinerte Flugsaurier

Solnhofener Plattenkalk

Solnhofen, Bayern

Ausgestorbene Urviecher, exotische Pflanzen, gut erhaltene Kleintiere wie Libellen, Krebse, Wespen, Seesterne, Würmer, Schnecken, Tintenfische, Muscheln, Fische oder Heuschrecken: Weltweit wird es wohl kaum eine Fossiliensammlung oder ein paläontologisches Museum ohne Fundstücke aus dem Solnhofener Plattenkalk geben.

Die kleine Ortschaft Solnhofen, mitten im Naturpark Altmühltal gelegen, ist Herkunftsort zahlreicher Fossilien aus der Jurazeit. Das 150 000 Jahre alte Plattenkalkvorkommen verteilt sich in der Region bis hin zu Städten wie Eichstätt, Zandt und Nusplingen.

Der berühmteste Fund ist der Urvogel Archaeopteryx. Als das Urvieh von Forschern im Jahr 1861 entdeckt wurde, stand fest, dass Vögel und Saurier eng verwandt sind. Eine weitere weltberühmte Entdeckung ist der Pfeilschwanzkrebs, auch Mesolimulus genannt. Er ist ein sogenanntes lebendes Fossil, das noch heute die Meere bevölkert. Für Schlagzeilen sorgten Anfang des 21. Jahrhunderts auch Funde der Kurzschwanzflugsaurier (Pterodactylus), die bewiesen, dass Flugsaurier sich auf vier Füßen vorwärts bewegten – sehr zur Verblüffung der Wissenschaft, die bis dato davon ausgegangen war, dass sich die ausgestorbenen Tiere beim Vorwärtstapsen wie Vögel auf dem Boden bewegt haben.

Ammonit aus den Hobbysteinbrüchen Solnhofen/ Eichstätt

Mittlerweile sind mehr als 700 Tier- und Pflanzenarten des Plattenkalks wissenschaftlich erfasst worden. Zahlreiche weitere werden wohl folgen. Einen Besuch wert sind die verschiedenen Museen rund um Solnhofen. Im Jura-Museum Eichstätt sowie im Rathaus von Solnhofen sind die berühmten Urvögel im Original ausgestellt. Natürlich lohnt sich auch ein Ausflug in die Sammlersteinbrüche der Gemeinden Solnhofen, Eichstätt und Mörnsheim. Gegen eine kleine Gebühr kann man dort selbst nach Fossilien graben und darf sie auch behalten. Wer Glück hat, kann durchaus kleinere Exponate wie eine freischwimmende Seelilie, einen Krebs oder einen Knochenfisch finden.

Info: Solnhofen liegt im Naturpark Altmühltal zwischen Ingolstadt und Nürnberg. **Info Jura-Museum Eichstätt:** Willibaldsburg, Burgstr. 19, 85072 Eichstätt, Tel. (084 21) 60 29 80, www.jura-museum.de. **Info Bürgermeister-Müller-Museum:** Bahnhofstr. 8, 91807 Solnhofen, Tel. (091 45) 83 20 30, www.museum-solnhofen.de. **Info Museum Bergér:** Harthof 1, 85072 Eichstätt, Tel. (084 21) 90 55 90, www.museum-berger.de. **Info Fossilien- und Steindruck-Museum:** Sonnenstr. 4, 91710 Gunzenhausen, Tel. (098 31) 88 26 55, www.fossilien-und-steindruck-museum.de.

Die Dekanatskirche St. Maria und der Färberturm

Tourist Information ➡ G6
Rathausstr. 12, 91710 Gunzenhausen
✆ (098 31) 50 83 00, www.gunzenhausen.info

Archäologisches Museum ➡ G6
Brunnenstr. 1, Gunzenhausen
✆ (098 31) 50 83 00
www.archaeologisches-museum.gunzenhausen.de
Besuch nach Anmeldung in der Tourist Information
Tief eintauchen in die Historie von der Vor- und Frühgeschichte über die Zeit der Römer bis ins frühe Mittelalter kann man im Archäologischen Museum.

Bunkerkrankenhaus ➡ G6
Bismarckstr. 24, Gunzenhausen
✆ (098 31) 50 83 00
www.hilfskrankenhaus.gunzenhausen.de
Besuch nur mit Führung, Anmeldung erforderlich
Ein Relikt des Kalten Kriegs befindet sich unter der Erde. Das Krankenhaus mit rund 1400 Betten ist noch fast vollständig eingerichtet wie in den 1960er Jahren. Bei einem Nuklearschlag sollten hier Patienten versorgt werden.

Der Blasturm ist das letzte erhaltene Stadttor von Gunzenhausen

Fossilien- und Steindruck-Museum ➡ G6
Sonnenstr. 4, Gunzenhausen
✆ (098 31) 88 26 55
www.fossilien-und-steindruck-museum.de
Im Winter geschl.
Das Altmühltal ist als Fossilienregion bekannt. Die Fundstücke geben einen Einblick in die Zeit vor rund

Unmittelbar bei Gunzenhausen liegt der große Altmühlsee

150 Millionen Jahren. Besonders beeindruckend sind die Skelettabgüsse eines 7 m langen Plateosauriers und zahlreicher Urvögel.

Färberturm ➡ G6
Weißenburger Str. 13, Gunzenhausen
www.gunzenhausen.info
Einen herrlichen Blick über die Region hat man vom ehemaligen Pulverturm, der aus dem 14. Jh. stammt. Der Name kommt von einer Färberei am Fuß des Turms.

Schifffahrt ➡ G6
Seestr. 1, Gunzenhausen
www.gunzenhausen.info/schifffahrt
Von April bis November werden täglich Rundtouren mit der MS Altmühlsee angeboten.

Ausflugsziel:

Wolframs-Eschenbach ➡ F6
www.wolframs-eschenbach.de
Der Minnesänger und Dichter des Epos »Parzival«, Wolfram von Eschenbach, hat dem kleinen Städtchen Berühmtheit verschafft. Mittelalter und Renaissance begegnet man im Ortskern überall. Beeindruckend ist das Ensemble von Deutschordenschloss, Liebfrauenmünster und Fachwerkgebäuden am **Marktplatz** mit der Statue des Dichters. Das **Münster** mit den farbigen Ziegeln am Turm ist mit dem Altar aus dem Umkreis von Veit Stoß auch innen sehenswert.

HERZOGENAURACH ➡ E6

Die meisten Menschen verbinden mit Herzogenaurach (24 000 Einwohner) die Sportartikel-Giganten Adidas und Puma. Dabei hat die Stadt mit dem mittelalterlichen Kern und der großzügigen Fußgängerzone mehr zu bieten. Die markanten **Türme**, wie der Türmersturm, der Fehnturm oder auch der Pulverturm, prägen die Silhouette, in deren Mitte das **Amtsschloss** liegt. Im 13. Jahrhundert als befestigte Wehranlage errichtet, wurde es ab 1720 zu einem barocken Stadtschloss ausgebaut. Daneben erhebt sich das **Alte Rathaus**, ein Fachwerkbau von 1407. Zu den prachtvollen Gebäuden in der Altstadt zählt das frühere Gasthaus »Zum Walfisch« als stattlichstes Ackerbürgerhaus. Sehenswert ist die Pfarrkirche **St. Magdalena** mit einem gotischen Langhaus. Im deutlichen Kontrast dazu steht die moderne evangelische Stadtkirche mit großer Glasfassade.

Tourist Information ➡ E6
Hauptstr. 34
91074 Herzogenaurach
✆ (091 32) 90 11 27
www.herzogenaurach.de

Blick auf Herzogenaurach, links die Liebfrauenhauskirche

Stadtmuseum ➡ E6
Kirchenplatz 2
Herzogenaurach
✆ (091 32) 73 51 20
www.herzogenaurach.de
Im ehemaligen Pfründnerspital, einem Fachwerkgebäude von 1508, zeigt das Museum einen Querschnitt durch 1000 Jahre Stadtgeschichte. Ein besonderes Augenmerk liegt auf der Wirtschaftsgeschichte der Stadt als Sportschuhmetropole.

HerzoBar ➡ E6
Marktplatz 1
Herzogenaurach
✆ (091 32) 836 99 66
www.facebook.com/herzobar
Das Restaurant befindet sich im Alten Rathaus. Der Fachwerkbau wurde 1407 errichtet und 1781 barock umgestaltet. Serviert werden mediterrane Gerichte und leckere Cocktails. €€

Der Fehnturm wurde als Wach- und Verteidigungsturm erbaut

Ignatz ➡ E6
Marktplatz 13, Herzogenaurach
✆ (091 32) 791 81 03
www.ignatz-herzo.de
Modernes Ambiente in historischen Mauern. Bodenständige fränkische und internationale Küche sowie Burger kommen auf den Tisch. Im Sommer lockt der Biergarten an der Stadtmauer. €€

adidas Factory Outlet ➡ E6
Olympiaring 2, Herzogenaurach
✆ (091 32) 84 20 00
Sportartikel, Schuhe und Sportbekleidung der Marke adidas werden zu günstigen Preisen verkauft. Gleich nebenan befindet sich ein weiterer adidas Brand Store.

Nike Factory Store ➡ E6
Zeppelinstr. 1
Herzogenaurach
✆ (091 32) 74 52 80
Hochwertige Sportartikel für alle Altersklassen und eine große Auswahl. Teilweise auch aktuelle Modelle, allerdings kaum günstiger.

PUMAs Unternehmenszentrale liegt in Herzogenaurach

Puma Outlet ➡ E6
Puma Way 1
Herzogenaurach
✆ (091 32) 741 70
Sportbekleidung, Schuhe und Accessoires der Marke mit der Wildkatze werden mit teils hohen Rabatten verkauft. Teilweise gibt es Artikel aus der aktuellen Kollektion.

HÖCHSTADT AN DER AISCH ➡ D6

Das Herz der fränkischen Karpfenzucht schlägt in Höchstadt an der Aisch (13 500 Einwohner), am Rand des Steigerwalds. In zahlreichen Teichen des Karpfenlands wachsen die Fische heran, bevor sie die Speisekarten der Restaurants und Gaststätten in ganz Franken bereichern. Die Fischzucht ist bis ins 14. Jahrhundert belegt.

Beim Rundgang durch die Altstadt entdeckt man neben hübschen Fachwerkgebäuden rund um den **Marktplatz** auch das **Höchstadter Schloss**. Die dreiflügelige Anlage aus dem 13. Jahrhundert wurde mehrfach umgebaut und 1714 barockisiert. Die 600 Jahre alte **Aisch-Brücke** ist ein lohnenswertes Fotomotiv.

Stadtturm in Höchstadt an der Aisch

Tourist Information ➡ D6
Am Vogelseck 1
91315 Höchstadt a.d.Aisch
✆ (091 93) 62 61 58
www.hoechstadt.de

Kellerbergmuseum ➡ D6
Kellerberg 7, Höchstadt a.d.Aisch
www.kellerberg-hoechstadt.de
Führung nach Vereinbarung
Der Kellerberg ist ein riesiges Labyrinth. Über 26 Eingänge sind die 218 Kammern auf drei Etagen zu erreichen, in denen das Bier kühl gelagert wurde. Das Museum informiert rund ums Thema Bier.

ROTH ➡ F7

Die alte Amtsstadt Roth (25 200 Einwohner) ist heute als Kultur- und Sportstadt bekannt. Mit dem Rothsee Triathlon und der Challenge Roth, dem ehemaligen Ironman Europe, finden im Sommer gleich zwei Sportgroßereignisse rund um den 2,1 Quadratkilometer großen Rothsee statt. Das einstige Zentrum der Drahtherstellung überzeugt mit einer schmucken **Altstadt**, malerischen Gassen und dem geschichtsträchtigen **Schloss Ratibor** aus markgräflicher Zeit.

Schloss Ratibor, ehemaliges Jagdschloss des Markgrafen von Brandenburg-Ansbach in Roth

Auf dem Rother Marktplatz steht der Markgrafenbrunnen von 1757

Tourist Information ➡ F7
Hauptstr. 1, 91154 Roth
✆ (091 71) 84 85 13
www.stadt-roth.de

Fabrikmuseum der Leonischen Industrie ➡ F7
Obere Mühle 4, Roth
✆ (091 71) 605 64
www.fabrikmuseum-roth.de
Das Museum zeigt authentisch die Fertigung feiner Drähte zur Verwendung für Leonische Waren. Dünne, vergoldete oder versilberte Kupferfäden werden dabei zu Borten, Bändern, feinem Gewebe oder Weihnachtsschmuck verarbeitet.

Schloss Ratibor ➡ F7
Hauptstr. 4, Roth
✆ (091 71) 84 85 32
www.schloss-ratibor.de
Das Jagdschloss, im Stil der Frührenaissance errichtet, beherbergt im Obergeschoss das Stadtmuseum. Die bemalte Decke im Prunksaal zeigt Szenen der antiken Mythologie.

Original Rothenburger Schneeballen

ROTHENBURG OB DER TAUBER ➡ F4

Das mittelalterliche Stadtbild beschert Rothenburg ob der Tauber und seinen 11 300 Einwohnern jährlich mehrere Millionen Touristen. Vor allem Asiaten und US-Bürger zieht es in das schmucke Städtchen hoch über der Tauber. Kein Wunder, verbinden sich doch prächtige Fachwerkgebäude, Renaissancehäuser, Tortürme, verwinkelte Gassen und die Stadtmauer zu einem Bilderbuch-Ensemble und machen Rothenburg zur romantischen Stadt schlechthin. Nicht alles ist original, da die Stadt im Zweiten Weltkrieg bombardiert wurde.

In Rothenburg gibt es viele schmucke Ecken. Der rund 3000 Meter lange **Wehrgang** ist in weiten Teilen begehbar und mit über 40 Tor- und Mauertürmen bestückt. Der 7 **Turmweg** ergänzt ihn zu einem Rundgang um die gesamte Stadtbefestigung. Wahrzeichen und malerische Fotokulisse ist das **Plönlein**, ein »kleiner Platz« mit Brunnen, wunderschönem Fachwerkhaus und zwei Tortürmen an der Unteren Schmiedgasse. Häufig im Bild festgehalten werden auch **Röderbogen**, **Markusturm** und **Gerlachschmiede** sowie der weithin offene Marktplatz mit dem imposanten **Rathaus**. Das aus einem gotischen Teil und einem Renaissancebau mit Schautreppe bestehende Gebäude ist Kulisse für die Aufführungen eines ganz besonderen Schauspiels, des »Rothenburger Meistertrunk«. Die wichtigste Szene wird in der Kunstuhr an der Ratstrinkstube am Marktplatz zur vollen Stunde dargestellt.

Spektakuläre Ausblicke gibt es nicht nur vom **Rathausturm**, sondern auch vom **Burggarten**. Diese im Sommer gut frequentierte Grünanlage ist der ideale Ort, um den »Rothenburger Schneeball« zu genießen, ein Brandteiggebäck in Kugelform.

Die grüne Oase Rothenburgs: der Burggarten

Wie gemalt

Rothenburgs mittelalterliche Altstadt und Stadtmauer

Rothenburg ob der Tauber, Bayern

Die kleine Webcam ist an einem der Giebelfenster der Ratstrinkstube angebracht und offenbart ein fast surreal malerisches Bild des Marktplatzes mit seinen imposanten Patrizierhäusern. Mittelalterliches Flair mit hübschen Fachwerk- und reich verzierten Renaissancefassaden, Kirchen, kleinen Plätzen und schmalen Gassen aus Kopfsteinpflaster erwartet den Besucher in der Altstadt Rothenburgs ob der Tauber. Romantik strahlt aus allen Ecken und Winkeln und entführt in eine andere Zeit. Die mittelfränkische Kleinstadt mutet beinahe wie ein Freiluftmuseum an.

Blick auf die historische Altstadt von Rothenburg ob der Tauber

Eine der berühmtesten Sehenswürdigkeiten der Altstadt ist die St.-Jakobs-Kirche aus dem 14. Jahrhundert. Besonders der Heilig-Blut-Altar von Tilman Riemenschneider ist ein absoluter Höhepunkt der Schnitzkunst um 1500. Die Straßengabelung Plönlein ist nicht nur das Wahrzeichen Rothenburgs, sondern mit ihrem pittoresken Ensemble aus Türmen, Toren und alten Gemäuern die meistfotografierte Kulisse des Städtchens. Am nahe gelegenen Marktplatz mit dem historischen Rathaus lohnt es sich, die rund 200 Stufen des Glockenturms zu erklimmen, denn von hier oben bietet sich ein herrlicher Blick über die Altstadt. Unterhalb des Platzes befindet sich das Baumeisterhaus; seine Renaissancefassade und der Innenhof machen es zu einem der schönsten Patrizierhäuser Rothenburgs. Die gesamte Altstadt wird von der vollständig erhaltenen Stadtmauer mit ihren zahlreichen Türmen und Toren umgeben. Ein Rundgang über den mehr als zwei Kilometer langen Wehrgang, der die vielen mächtigen Wehrtürme und Basteien miteinander verbindet, bietet eine hervorragende Aussicht auf die Altstadt. Im Jahre 1172 begann der Bau der ersten Stadtmauer. Aus dieser Zeit stammen der Röderbogen, der Weiße Turm und der Markusturm. Im 14. Jahrhundert wurde der zweite Mauerring errichtet.

Der imposante Röderturm ist bis heute ein beeindruckendes Wahrzeichen der damaligen Baukunst. In seinem Inneren ist eine sehenswerte Ausstellung mit Bildern und Dokumenten zur Zerstörung von vierzig Prozent des historischen Stadtkerns im Zweiten Weltkrieg untergebracht.

Einen Blick sollte man auch auf das Gebäude der Ratstrinkstube aus dem Jahr 1446 werfen, in dem sich die Tourist Information befindet. An der markanten Giebelfassade lassen sich gleich drei Uhren bestaunen: die große Stadtuhr von 1683, die Sonnenuhr von 1768 und die Kunstuhr von 1910.

Info Rothenburg: Tourismus Service, Marktplatz 2, 91541 Rothenburg ob der Tauber, Tel. (098 61) 40 48 00, www.rothenburg-tourismus.de.

Christkind, ganzjährig

Käthe Wohlfahrt Weihnachtsdorf

Rothenburg ob der Tauber, Bayern

Ob Frühling, Sommer, Herbst oder Winter, im mittelalterlichen Zentrum der fränkischen Stadt herrscht das ganze Jahr über Weihnachten: im Weihnachtsdorf von Käthe Wohlfahrt, der Pilgerstätte für alle, die von Christbaumromantik nicht genug bekommen können. Wo würden die – von manchen als kitschig bezeichneten – Weihnachtsartikel von Käthe Wohlfahrt auch besser hinpassen als in die romantische Altstadt von Rothenburg ob der Tauber? Hier hat das 1964 gegründete Traditionsunternehmen seinen Hauptsitz.

Auf mehreren Tausend Quadratmetern leuchtet unter unzähligen Christbaumlämpchen ein Supermarkt für traditionelle deutsche Weihnachtsartikel in allen Formen und Farben aus Glas, Holz, Zinn und Stroh. Kugeln, Sterne, Engel, Krippen, Weihnachtspyramiden, Räuchermännchen, Kerzenhalter und Nussknacker: So weit das Auge reicht, bietet sich ein faszinierendes Kaleidoskop deutscher Weihnachtsgemütlichkeit. In den Räumen des Weihnachtsdorfs befindet sich auch das Deutsche Weihnachtsmuseum.

Hier wird die Geschichte des Baumschmucks von den bescheidenen, eher spärlichen Anfängen bis in die Gegenwart mit ihren glitzernden und reich geschmückten Weihnachtsbäumen präsentiert. Allein die Sonderausstellung historischer Nussknacker umfasst mehr als 400 Exponate.

Auch wenn draußen T-Shirt-Wetter herrscht, weckt das Weihnachtsdorf winterliche Stimmung und die Vorfreude auf das schönste Fest des Jahres mit allem, was dazugehört.

Info: Rothenburg liegt ca. 70 km westlich von Nürnberg. **Info Käthe Wohlfahrt Weihnachtsdorf:** Herrngasse 1, 91541 Rothenburg ob der Tauber, Tel. 0800-409 01 50, www.kaethe-wohlfahrt.com. **Info Deutsches Weihnachtsmuseum:** Tel. (098 61) 40 93 65, www.weihnachtsmuseum.de.

Weihnachtsstimmung ganzjährig: das Deutsche Weihnachtsmuseum in Rothenburg ob der Tauber

Auf dem Marktplatz von Rothenburg ermöglicht der Rathausturm Panoramablicke

Tourismus Information ➡ F4
Marktplatz 2
91541 Rothenburg ob der Tauber
✆ (098 61) 40 48 00
www.rothenburg-tourismus.de

Deutsches Weihnachtsmuseum ➡ F4
Herrngasse 1
Rothenburg ob der Tauber
✆ (098 61) 40 93 65
www.weihnachtsmuseum.de
Für die einen ist es Kitsch, für die anderen zauberhaft: Weihnachtsstimmung mit Christbaumkugel, Schwippbogen und Kerzen am Tannenbaum an 365 Tagen im Jahr. Die Geschichte des Festes wird anhand von historischen Deko-Objekten dokumentiert. Das Museum befindet sich im selben Haus wie das Weihnachtsdorf von Käthe Wohlfahrt, wo Weihnachtsträume wahr werden.

Historiengewölbe ➡ F4
Markplatz 1
Rothenburg ob der Tauber
✆ (098 61) 867 51
www.meistertrunk.de
Im kleinen Museum und den Gewölben mit dem noch original erhaltenen Verlies aus dem Mittelalter wird unter dem Rathaus eindrucksvoll die Situation der Stadt im Dreißigjährigen Krieg dargestellt.

Das wohl bekannteste Fotomotiv in Rothenburg: das Plönlein mit Fachwerksolitär, Brunnen und den beiden Türmen der alten Stadtmauer

28

Die Stadtpfarrkirche St. Jakob wurde zwischen 1311 und 1484 erbaut

Mittelalterliches Kriminalmuseum ➡ F4
Burggasse 3–5
Rothenburg ob der Tauber
✆ (098 61) 53 59
www.kriminalmuseum.eu
1000 Jahre Rechtsgeschichte – von der germanisch-fränkischen Zeit bis in die Moderne – vereint das Museum in der ehemaligen Johanniterkomturei. Ein Augenmerk liegt auf Inquisition, Hexenprozessen und Folterinstrumenten wie Halsgeigen, »Eiserne Jungfrau« oder Streckbank.

Rothenburg Museum ➡ F4
Klosterhof 5
Rothenburg ob der Tauber
✆ (098 61) 93 90 43
www.rothenburgmuseum.de
Im ehemaligen Dominikanerkloster wird ein Blick auf die Geschichte der Stadt geworfen. Gezeigt werden Gemälde, Fayencen, Wohnkultur früherer Jahrhunderte, aber auch Waffen. Beleuchtet wird auch die jüdische Geschichte der Stadt. Die Klosterküche von 1260 ist eine der ältesten ihrer Art in Deutschland.

Folterstuhl im Mittelalterlichen Kriminalmuseum

Handwerkerhaus ➡ F4
Alter Stadtgraben 26, Rothenburg ob der Tauber
✆ (09861) 20 98

Am historischen Baudenkmal aus dem Jahr 1270 scheint die Zeit stillgestanden zu sein. Über die Jahrhunderte war es Heimat verschiedenster Handwerker. Die Ausstellung führt ihr Leben und Arbeiten eindrücklich vor Augen.

Kirche St. Jakob ➡ F4
Kirchplatz
Rothenburg ob der Tauber
Die gotische Kirche mit den beiden ungleichen Türmen ist mit Kunstwerken reich bestückt. Der Hauptaltar aus der Spätgotik stammt von Friedrich Herlin und zeigt den Weg Jakobs nach Santiago de Compostela. Auf der Westempore steht der Heiligblut-Altar des Bildschnitzers Tilman Riemenschneider mit Szenen des Letzten Abendmahls.

Restaurant Reichsküchenmeister ➡ F4
Kirchplatz 8
Rothenburg ob der Tauber
✆ (098 61) 97 00
www.hotel-reichskuechenmeister-rothenburg.de
Die Mittelalter-Atmosphäre kommt in dem schönen Fachwerkhaus perfekt zur Geltung. Fränkische und internationale Gerichte auf gehobenem Niveau. Angegliederte Weinstube und schöner Biergarten. €€–€€€

Gasthaus Zum Ochsen ➡ F4
Galgengasse 26
Rothenburg ob der Tauber
✆ (098 61) 67 60
www.gasthof-ochsen-rothenburg.de
In dem Fachwerkbau mit typischem Gasthofambiente wird fränkische, gutbürgerliche Küche serviert. €–€€.

Rothenburger Meistertrunk ➡ F4
Altstadt
Rothenburg ob der Tauber
An Pfingsten verwandelt sich die historische Altstadt alljährlich in eine Schauspielkulisse. Dann wird an die Eroberung der Stadt durch schwedische Truppen im Jahr 1631 erinnert. Um eine Plünderung zu verhindern, soll Altbürgermeister Nusch einen prachtvollen Pokal mit drei Litern Wein in einem Zug geleert haben.

Der Meistertrunk wird in der Rothenburger Altstadt begangen

Burg Wertheim, die Ruine einer Höhenburg, thront über der gleichnamigen Stadt in Tauberfranken

Tauberfranken

Wer denkt, dass sich Franken nur über Unter-, Mittel- und Oberfranken erstreckt, wird von baden-württembergischer Seite gern eines Besseren belehrt. Wie eine Sichel schmiegt sich Tauberfranken im Westen an. Der Landstrich erhielt seinen Namen von der Tauber, die von Rothenburg über Röttingen, Bad Mergentheim und die Weinstadt Lauda-Königshofen bis nach Wertheim fließt, wo sie in den Main mündet.

Einen Abstecher wert ist **Weikersheim** ➡ E4 mit dem Renaissanceschloss und der herrlichen Gartenanlage. **Bad Mergentheims** ➡ E3 Charme prägen das Residenzschloss der Hoch- und Deutschmeister und prunkvolle Bürgerhäuser. Die Ruine der **Wertheimer Burg** ➡ D2/3 ist weithin sichtbar und thront über einer malerischen Altstadt. Im Wertheim Village, dem Factory-Outlet-Center, schlägt das Shopping-Herz höher.

Wie ein blaues Band verbindet die Tauber die vielen kleinen Perlen, die es zu entdecken gilt. Auf ihrem Weg vorbei an herrlichen Reblagen und durch Orte, die häufig vom Weinbau geprägt sind, wird sie begleitet von abwechslungsreichen Wander- und Radwegen. Seit dem 13. Jahrhundert wird hier Weinbau betrieben. Die edlen Tropfen werden – ebenso wie im ganzen Frankenland – in Bocksbeutel abgefüllt. Einen spannenden Einblick in die Geschichte des Weinbaus im Taubergrund mit 670 Hektar Fläche gibt es in der Vinothek im **Kloster Bronnbach** ➡ D3. Das ehemalige Zisterzienserkloster, das zu Wertheim gehört, liegt am Unterlauf der Tauber. Dort erfährt man auch viel über den »Tauberschwarz«, eine autochthone Rebsorte. Weitere Informationen unter www.liebliches-taubertal.de.

SCHWABACH ➡ F7

Gold hat Schwabach (41 000 Einwohner) in der ganzen Welt berühmt gemacht. Die Anfänge des Goldschlagens, der Herstellung von Blattgold, in Deutschland finden sich im 16. Jahrhundert in Schwabach. In der Blütezeit dieses Handwerks zu Beginn des 20. Jahrhunderts waren in der Stadt 1200 Menschen in der Branche tätig. Die Waren wurden rund um den Globus exportiert. Heute existieren in Schwabach nur noch zwei Werkstätten.

Zahlreiche Fachwerkgebäude und Bürgerhäuser in der ringförmigen Altstadt zeugen noch vom Glanz der erstmals 1117 urkundlich erwähnten Stadt. Besuchen sollte man das **Rathaus** mit seinen Arkaden und dem vergoldeten Dach am Königsplatz. In der **Stadtkirche** fasziniert der prächtige Schnitzaltar aus der Spätgotik. Keimzelle der Stadt könnte die Straße **Kappadocia** gewesen sein, die mit einer Vielzahl sehenswerter Gebäude aufwartet.

Der Marktplatz von Schwabach mit dem Rathaus und der Stadtkirche dahinter

Im Rahmen der Generalsanierung des Rathauses im Jahr 2001 erhielten die beiden Türmchen des Rathauses ihre goldenen Dächer

Tourist Information ➡ F7
Königsplatz 1, 91126 Schwabach
✆ (091 22) 86 00
www.schwabach.de

Jüdisches Museum ➡ F7
Synagogengasse 10 A, Schwabach
✆ (091 22) 886 21 00
www.schwabach.de
Das Museum wurde 2015 in einem jüdischen Wohnhaus eröffnet. Glanzstück ist eine Laubhütte mit einzigartigen Wandmalereien. Die gesamte Synagogengasse zeugt eindrucksvoll von der einstigen Vielfalt des hiesigen jüdischen Lebens.

Stadtmuseum ➡ F7
Museumsstr. 1, Schwabach
✆ (091 22) 86 06 00
www.schwabach.de
Das Stadtmuseum gewährt einen spannenden Einblick in die Gold- und Metallverarbeitung in einer Goldschlägerwerkstatt sowie in die Produktion von Blechspielzeug und Modelleisenbahnen der Firma Gebrüder Fleischmann. Auf sechs Modellbahnanlagen rollen die Miniatur-Züge.

WEISSENBURG IN BAYERN ➡ G7

Römerkastell am Limes, Königshof, Freie Reichsstadt: Weißenburg i.Bay. (19 000 Einwohner) vereint Geschichte wie nur wenige fränkische Städte. Über das Ellinger Tor mit Stadtwappen und Reichsadler betritt man von Norden aus eine spätmittelalterliche Altstadt. Geprägt wird die Silhouette durch die imposante, noch fast gänzlich erhaltene **Stadtmauer** mit ihren 38 Türmen. Barocke Bürgerhäuser und fränkisches Fachwerk verbinden sich zu einem besonderen Ensemble. Das gotische **Rathaus** am Marktplatz, 1470 erbaut, beherbergt den historischen Sitzungssaal und einen prunkvollen Festsaal. Treffpunkt heute wie früher ist der **Schweppermannsbrunnen**. Prunkstück der gotischen Kirche **St. Andreas** ist der geschnitzte Andreas-Altar (um 1500). Vor den Toren der Altstadt taucht man ein in die römische Geschichte. Bereits ab dem Jahr 90 n.Chr. stand hier ein Kastell, um den nahen Obergermanisch-Rätischen Limes zu verteidigen.

Tourist Information ➡ G7
Martin-Luther-Platz 3
91781 Weißenburg i.Bay.
✆ (091 41) 90 71 24
www.weissenburg.de

Die beeindruckende Altstadt von Weißenburg ist noch heute von einer Stadtmauer mit 38 Türmen umgeben

Die lebensgroße Figurengruppe »Sauhandel« auf dem Platz Am Saumarkt in Weißenburg hat Andreas Teuchert geschaffen

Apothekermuseum ➡ G7
Rosenstr. 3, Weißenburg i.Bay.
✆ (091 41) 23 07
apothekenmuseum-weissenburg.de
Besichtigung nur mit Führung
Im spätbarocken »Blauen Haus« gibt es seit mehr als 350 Jahren eine Apotheke. In den Kellergewölben wurde das Museum mit Inventar aus der Zeit des Apothekers und Limesforschers Wilhelm Kohl eingerichtet.

Reichsstadtmuseum ➡ G7
Martin-Luther-Platz 3
Weißenburg i.Bay.
✆ (091 41) 90 71 24
www.museen-weissenburg.de
Auf drei Etagen widmet sich das Museum der Geschichte der Freien Reichsstadt, Handwerk, Handel, Kunst und Gesundheitswesen werden beleuchtet. Die Vertreibung deutscher Minderheiten aus der Tschechoslowakei nach dem Zweiten Weltkrieg wird im **Haus Kaaden** (Pfarrgasse 4) veranschaulicht.

Römermuseum ➡ G7
Martin-Luther-Platz 3
Weißenburg i.Bay.
✆ (091 41) 90 71 89
www.museen-weissenburg.de
Mittelpunkt der Ausstellung ist ein 1979 gefundener Römerschatz, zu dem 17 bronzene Götterfiguren gehören. Gezeigt werden Bronzegefäße, Alltagsgegenstände, Votivtafeln und Militaria. Im Erdgeschoss befindet sich das Bayerische Limes-Informationszentrum.

Festung Wülzburg ➡ G7
Wülzburg
Weißenburg i.Bay.
✆ (091 41) 90 71 24
www.museen-weissenburg.de
Innenhof tagsüber frei zugänglich
Über der Stadt thront die fünfeckige Renaissancefeste der Hohenzollern auf einer 630 Meter hohen Bergkuppe der südlichen Frankenalb. Beeindruckend ist nicht nur der Panoramablick, sondern auch der 106 Meter tiefe Brunnen.

Kastell Biriciana ➡ G7
Am Römerlager
Weißenburg i.Bay.
✆ (091 41) 90 71 89
www.museen-weissenburg.de
Eintritt frei
Römische Geschichte wird erlebbar im Nachbau des Kastelltors mit zwei Rundtürmen und Wachstube. Rund 1000 Soldaten waren in der militärischen Anlage stationiert.

Römische Thermen ➡ G7
Am Römerbad 17 A
Weißenburg i.Bay.
✆ (091 41) 90 71 27
www.museen-weissenburg.de
Die Römischen Thermen zählen zu den am besten erhaltenen und bedeutendsten Thermenanlagen in Süddeutschland und sind Teil des UNESCO-Welterbes. Über Stege sind die Überreste der Gebäude zu besichtigen.

Das Ellinger Tor am nördlichen Ende der Weißenburger Altstadt

Oberfranken

Oberfranken, der dritte fränkische Regierungsbezirk, liegt am Oberlauf des Mains – daher der Name. Auf einer Fläche von 7,2 Millionen Quadratkilometern leben knapp 1,1 Millionen Menschen. Bamberg und Bayreuth sind die wichtigsten Städte und zugleich auch die größten touristischen Anziehungspunkte. Bayreuth fungiert als Verwaltungssitz des Bezirks und Sitz der Regierung von Oberfranken.

BAD STAFFELSTEIN ➜ C7

Bad Staffelstein nennt sich auch Adam-Riese-Stadt, denn hier wurde 1492 der sprichwörtliche Rechenmeister und Mathematiker geboren. Heute ist die 10 500-Einwohner-Gemeinde vor allem als Kurort mit der vielfach ausgezeichneten **Obermain Therme**, der wärmsten und stärksten Thermalsole Bayerns, bekannt.

Überragt wird der Ort vom 539 Meter hohen Felsplateau des **Staffelbergs**. Viele Wege führen hinauf, doch die meisten Wanderer starten ihre Tour am Friedhof von Bad Staffelstein. Wer etwas lauffauler ist, beginnt den Aufstieg erst im Ortsteil Romansthal. Welchen Weg man auch nimmt – auf dem Gipfel lockt die weite Aussicht »von Bamberg bis zum Grabfeldgau«, wie sie schon der Dichter Victor von Scheffel im Frankenlied beschrieben hat. Neben dem weiten Blick ist

Das Rathaus von Bad Staffelstein wurde 1684–87 unter Verwendung des spätmittelalterlichen Erdgeschosses erbaut

Die ehemalige Benediktinerabtei Kloster Banz auf dem Banzberg

es der Biergarten der Staffelbergklause oben auf dem Plateau, der die Menschen auf den Berg zieht.

Nur sieben Kilometer vom Ortskern entfernt liegt die berühmte **Wallfahrtskirche Vierzehnheiligen** ➔ C7, 1743–72 errichtet und von Balthasar Neumann, dem damals bedeutendsten Baumeister Süddeutschlands, geplant.

Tourist Information ➔ C7
Bahnhofstr. 1, 96231 Bad Staffelstein
✆ (095 73) 331 20, www.bad-staffelstein.de

Kloster Banz ➔ C7
Kloster-Banz-Str., Bad Staffelstein
✆ (095 73) 33 70
www.hss.de/bildungszentren/kloster-banz
Besichtigung nur mit Führung
Weithin sichtbar liegt hoch oberhalb des Maintals das ehemalige Benediktinerkloster Banz, erbaut im frühen 18. Jh. Heute dient das Gebäude als Bildungsstätte der CSU-nahen Hanns-Seidel-Stiftung. Das Kloster und das Museum mit der Orientalischen Sammlung von Herzog Maximilian können im Rahmen von Führungen besichtigt werden. Von Banz aus startet einer der vielen Wanderwege auf den Staffelberg.

Wallfahrtskirche Vierzehnheiligen ➔ C7
Vierzehnheiligen 2, Bad Staffelstein
✆ (095 71) 950 80, www.vierzehnheiligen.de
Eintritt frei

Die bekannteste Wallfahrtskirche Frankens steht nur sieben Kilometer von Bad Staffelstein entfernt …

… und beeindruckt mit ihrer barocken Fassade

Der Legende nach erschienen einem Schäfer am Standort der heutigen Kirche 1445 Jesus und die 14 Nothelfer in Kindergestalt. Sie taten kund, dass an der Stelle des Zusammentreffens eine Kapelle entstehen solle. Nachdem einige Tage später eine todkranke Magd gesundet war, begann man mit dem Bau des geforderten Gotteshauses. Die erste Kirche wurde während der Bauernkriege 1525 geplündert und niedergebrannt, das gleiche Schicksal erlitt der Nachfolgebau während des Dreißigjährigen Krieges. Mitte des 18. Jh. plante Balthasar Neumann die heutige prächtige Barockbasilika. Die feinen Stuckaturen der Wessobrunner Künstlerfamilie Feuchtmayer und die Malereien vom Giuseppe Appiani ergänzen im Innern im Rokokostil die beeindruckende Fassade.

Auf dem Aussichtsberg des Bad Staffelsteiner Kurparks befindet sich ein runder Säulentempel, der Monopteros

Staffelbergklause ➡ C7
Auf dem Staffelberg, Bad Staffelstein
✆ (095 73) 54 37
Hier rasten die Wanderer nach dem Aufstieg bei kühlen Getränken und zünftigen Snacks. €

Obermain Therme ➡ C7
Am Kurpark 1, Bad Staffelstein
✆ (095 73) 961 90, www.obermaintherme.de
Ob Soleanwendung, Massage oder ein Besuch im Saunaland, ob Whirlpool oder Schwimmen im Salz- oder Süßwasser – die Obermaintherme ist die perfekte Anlaufstelle für einen Tag voller Entspannung.

BAD STEBEN ➡ A8/9

Bad Steben (3400 Einwohner) blickt als Radon- und Moorheilbad auf eine lange Tradition zurück, die sich in der imposanten Architektur und in der medizinischen Kompetenz des bayerischen Staatsbades widerspiegelt. Bauwerke des Klassizismus und des Jugendstils schmücken den Kurpark. Leo von Klenze, Hofbaumeister Ludwigs I. von Bayern, entwarf das elegante Badehaus, das wie die stilvolle Säulenwandelhalle aus dem 19. Jahrhundert heute noch Blickfang ist.

Wasserspiele, historische Gebäude und ein Blütenmeer machen den Kurpark des Bayerischen Staatsbades Bad Steben zu einer Wohlfühloase

Nicht nur im Sommer eine Augenweide – der Bad Stebener Kurpark

Radon- und Moorheilbad

Bayerisches Staatsbad Bad Steben

Bad Steben, Bayern

Bekannt ist Bad Steben vor allem für das radonhaltige Heilwasser, das bei Wirbelsäulen- und Gelenkschmerzen sowie rheumatischen Erkrankungen wirksam Schmerzen lindert und auch bei Erschöpfungszuständen hilft.

Der unter Denkmalschutz stehende Kurpark ist das Herzstück des Staatsbades. Hier entspringen die Tempel- und Wiesenquelle, deren radon- bzw. kohlensäurehaltiges Heilwasser zusammen mit dem Bad Stebener Naturmoor Kurgästen schon seit Langem Linderung verschafft. Bekannt sind die Quellen bereits seit dem 15. Jahrhundert, doch die Blütezeit des Kurortes begann, als sich die bayerischen Könige Mitte des 19. Jahrhunderts seiner annahmen. Das elegante, griechisch anmutende erste Badehaus wurde 1837 nach Entwürfen von Leo von Klenze erbaut und ist mit seiner pastellgelben Fassade noch immer ein Hingucker. Im Zentrum des insgesamt 40 Hektar großen Kurparks lockt noch ein weiteres Wahrzeichen von Bad Steben: die halboffene Säulen-Wandelhalle mit den großen Arkadenbögen von 1910.

Die über 8500 Quadratmeter große, moderne Therme ist ganz auf heutige Ansprüche eingestellt und lässt keine Wünsche offen: Man vergnügt sich in vielfältigen Wasserwelten, einem großzügigen Saunaland und einem Wellness-Dome mit Medical-Wellness-Angeboten.

Viele Gäste kommen jedoch auch wegen des Naturparks Frankenwald. Bad Steben ist ein hervorragender Ausgangspunkt für vielfältige Wanderungen, etwa zur Burgruine Lichtenberg, ins Naturschutzgebiet Höllental oder zum Grünen Band, einem einmaligen Naturschutzgebiet entlang der einstigen deutsch-deutschen Grenze. Auch der Rennsteig führt in nur sechs Kilometern Entfernung am Ort vorbei. Ob man nun Wellnessurlaub in der Therme oder eine aktive Auszeit in der Natur bevorzugt, Ruhe und Entspannung sind garantiert.

Info: Bad Steben liegt ca. 45 km nördlich von Bayreuth. **Info Bad Steben:** Tourist Information, Badstr. 31 (in der Wandelhalle), 95138 Bad Steben, (Tel. (092 88) 74 70, www.bad-steben.de.

Die Outdoor-Wasserwelten in der Therme Bad Steben

Bier trinken mit Aussicht

BAMBERG ➡ C6

Bierstadt, Fränkisches Rom, Weltkulturerbestadt – Bamberg (77 600 Einwohner) kann sich gleich mit einer ganzen Reihe von Titeln schmücken, und einen jeden davon trägt es zu Recht. Elf Brauereien im Stadtgebiet und das berühmte rauchige Schlenkerla Bier machen die Stadt zur Biermetropole, in der im Sommer die Durstigen »auf die Keller« – also in die Biergärten – pilgern.

Die Altstadt wurde 1993 in die Liste des UNESCO Welterbes aufgenommen. Gotik und Barock bestimmen das Bild der im Kern mittelalterlichen Stadt. Beliebtestes Fotoobjekt ist wegen seiner farbenprächtig bemalten Barockfassade das 8 **Alte Rathaus** mitten in der Regnitz. Im Inneren ist die Sammlung Ludwig sehenswert. Nur wenige Schritte vom Rathaus entfernt liegt **Klein Venedig** am Ufer des Flusses. Die knapp 30 bunten Fischerhäuser aus dem 15. und 16. Jahrhundert erhielten ihren Namen durch zwei Journalisten, die 1842 in dem Buch »Handbuch für Reisende auf dem Mond« erstmals den Begriff Klein Venedig benutzten.

Das beherrschende Bauwerk der Bamberger Altstadt ist der 1237 geweihte **Kaiserdom** mit seinen vier Türmen. Im Inneren befindet sich das von Tilman Riemenschneider geschaffene Hochgrab (1500–1512) von Heinrich II. und seiner Gemahlin Kunigunde sowie – im Westchor – das einzige Papstgrab nördlich der Alpen, in dem Clemens II. bestattet wurde. Einen Blick sollte man

Das Alte Rathaus von Bamberg steht in der Regnitz

Fränkisches Rom an der Regnitz

Bamberger Altstadt

Bamberg, Bayern

Die Magie von Bamberg, wie Rom auf sieben Hügeln erbaut und zu Recht als eine der schönsten europäischen Kleinstädte bekannt, ist untrennbar mit seiner Geschichte als Hauptstadt des Heiligen Römischen Reichs Deutscher Nation und mit Kaiser Heinrich II., dem berühmtesten Sohn Bambergs, verbunden. Mit ihrem wahren Schatz an Architektur aller Epochen ist die Stadt alles andere als eine leblose Kulisse. Historische Stätten, altertümliche Geschäfte und elf Brauereien machen den Besuch in Bamberg zu einem einmaligen Vergnügen.

Man nennt Bamberg auch ein Biertrinkerparadies. Hier werden mehr als 30 Sorten Bier gebraut, selbst München kann da nicht mithalten. Eine lokale Spezialität ist das Bamberger Rauchbier, das erstmals 1536 gebraut wurde und seinen charakteristischen Geschmack der Verwendung von geräuchertem Malz verdankt.

Das wunderschöne, malerische Alte Rathaus ist sicher eines der meist fotografierten in Europa: Das Brückenrathaus mit schöner Fassadenmalerei wurde auf einer künstlichen Insel inmitten der Regnitz erbaut und symbolisiert die Herrschaftsgrenze aus früherer Zeit zwischen dem bischöflichen Bamberg und der bürgerlichen Innenstadt.

Der imposante Bamberger Dom mit seinen vier Türmen ist das beherrschende Bauwerk des UNESCO-Weltkulturerbes Bamberger Altstadt. Den ersten Dom ließ Heinrich II. ab 1004 errichten, 1237 wurde dann der Dom in seiner heutigen Gestalt geweiht. Der Dom bezeugt den Wohlstand der Stadt als sakrales Zentrum und ist berühmt für seine kunstvolle bildhauerische Ausschmückung im Inneren, wie z. B. den Bamberger Reiter, der sich auf einer Konsole am Nordpfeiler des Georgenchors befindet. Der weitläufige, schräge Domplatz bildet ein lehrbuchhaftes Beispiel für die Entwicklung der städtischen Architektur von der Romanik zur Gotik und von der Renaissance zum Barock.

Dom und Altstadt von Bamberg zählen zum UNESCO-Weltkulturerbe

Es gibt einige luxuriöse Hotels in der Stadt; atmosphärisch besticht das elegante Hotel Sankt Nepomuk, eine ehemalige Mühle aus dem Jahr 1410. Es verfügt über gemütliche Zimmer mit Blick auf den Fluss und das Alte Rathaus und hat ein bekanntes Restaurant mit Schwerpunkt auf der fränkischen Küche.

Info: Bamberg liegt ca. 60 km nördlich von Nürnberg und ca. 240 km nordwestlich von München. **Info Bamberg:** Tourismus & Kongress Service, Geyerswörthstr. 5, 96047 Bamberg, Tel. (09 51) 297 62 00, www.bamberg.info. **Info Hotel Sankt Nepomuk:** Obere Mühlbrücke 9, Bamberg, Tel. (09 51) 984 20, www.hotel-nepomuk.de.

auch auf den Marienaltar werfen, 1523 aus der Werkstatt des berühmten Bildhauers und -schnitzers Veit Stoß hervorgegangen. Über das berühmteste Kunstwerk im Dom weiß man am wenigsten. Die Skulptur des Bamberger Reiters entstand um 1230. Wen sie darstellt und wer sie geschaffen hat, ist aber nicht bekannt.

Als prosperierender Wirtschaftsstandort und junge Universitätsstadt mit mehr als 12 000 Studierenden strahlt Bamberg neben seiner mehr als 1100-jährigen Geschichte viel bunte Lebendigkeit aus.

Tourist Information ➡ C6
Geyerswörthstr. 5
96047 Bamberg
✆ (09 51) 297 62 00
www.bamberg.info

Tipp: Auf dem Domberg liegen die wichtigsten Bamberger Museen. Es gibt eine Kombikarte für alle Museen (Diözesanmuseum, Historisches Museum, Staatsgalerie, Prunkräume der Neuen Residenz) und den Dom.

Diözesanmuseum ➡ C6
Domplatz 5, Bamberg
✆ (09 51) 502 25 02
dioezesanmuseum-bamberg.de
Das Diözesanmuseum befindet sich im Domkapitelhaus, 1731–33 vom berühmten Barockbaumeister Balthasar Neumann erbaut. Ausgestellt sind u. a. der Bamberger Domschatz und verschiedene Prunkmäntel deutscher Kaiser. Herausragend ist der Sternenmantel Heinrichs II., eines der bedeutendsten Werke mittelalterlicher Textilkunst – das Geschenk eines apulischen Fürsten an Heinrich II. anlässlich des Besuchs von Papst Benedikt VIII. im Jahr 1020 in Bamberg.

Blick auf den Bamberger Dom und das Diözesanmuseum

Die Alte Hofhaltung enthält in ihrem Kern noch Mauerreste von Palas und Kapelle der Pfalz des 11. Jahrhunderts

Fränkisches Brauereimuseum ➡ C6
Michelsberg 10 F, Bamberg
✆ (09 51) 530 16
brauereimuseum.de
Kein Standort könnte passender für ein Brauereimuseum sein als der Michelsberg in Bamberg. Dort oben in den Hallen der ehemaligen Klosterbrauerei der Benediktiner kann man auf 900 m^2 den gesamten Prozess des Bierbrauens nacherleben und erfährt viel über die fränkische Braugeschichte. Wer sich also vor dem Praxistest in den Bamberger Lokalen noch etwas theoretisches Wissen aneignen will, ist hier genau richtig.

Historisches Museum in der Alten Hofhaltung ➡ C6
Domplatz 7, Bamberg
✆ (09 51) 87 11 40
museum.bamberg.de/historisches-museum
Die Alte Hofhaltung erhebt sich über einer Bischofsresidenz aus dem 11. Jh. Der imposante Innenhof wurde im 15. Jh. angelegt, das Gebäude im 16. Jh. im Stil der Renaissance erbaut. Das Museum zeichnet die Entwicklung der Stadt nach, gibt den Besuchern Einblicke in das jüdische Leben in Bamberg und zeigt

In der Neuen Residenz ist die Staatsgalerie Bamberg beheimatet

die von der UNESCO preisgekrönte Dauerausstellung »Im Fluss der Geschichte – Bambergs Lebensader Regnitz«. Außerdem sind mehr als 100 Werke alter Meister ausgestellt, u.a. von Lucas Cranach d. Ä. und Pieter Breughel d. J.

Staatsgalerie Bamberg in der Neuen Residenz ➡ C6
Domplatz 8, Bamberg
✆ (09 51) 51 93 90
www.residenz-bamberg.de
Die Neue Residenz mit ihren Prunkräumen entstand im 17. und 18. Jh. Besonders sehenswert ist der barocke Kaisersaal, dessen Wände der Tiroler Maler Melchior Steidl 1707–09 mit überlebensgroßen Kaiserporträts ausgestattet hat. Hinter der Residenz liegt der Rosengarten, von dem man einen schönen Blick über die Stadt genießt. In der Staatsgalerie sind Meisterwerke aus Mittelalter und Barock ausgestellt, zu den berühmtesten Gemälden der Sammlung gehört Hans Baldungs Gemälde »Die Sintflut«.

Welterbe-Besuchszentrum Bamberg ➡ C6
Untere Mühlbrücke 5, Bamberg
✆ (09 51) 87 18 11, welterbe.bamberg.de
Eintritt frei

Die interaktive Ausstellung zur UNESCO-Welterbestätte vermittelt Besuchern einen schnellen Überblick über die Altstadt von Bamberg. Der perfekte Einstieg vor einem Stadtspaziergang.

8 Altes Rathaus und Sammlung Ludwig ➡ C6
Obere Brücke
Bamberg
✆ (09 51) 87 18 71
museum.bamberg.de/sammlung-ludwig
Das Alte Rathaus am Eingang zur Altstadt liegt angeblich deshalb auf einer Insel, weil der mächtige Bischof den Bürgern einst keinen Platz für den Bau eines Rathauses zugestehen wollte. Doch da hatte er die Rechnung ohne die gewieften Bamberger gemacht – diese rammten Pfähle in die Regnitz und erbauten ihr Rathaus mitten im Fluss. 1386 wurde das Rathaus erstmals erwähnt, 1461–67 neu erbaut und heute beeindruckt insbesondere die Barockfassade. Im Inneren zeigt die Sammlung Ludwig Porzellan und barocken Tischschmuck. An die Ausstellung schließt sich der Rokokosaal der Bamberger Ratsherrn an.

Fototipp: Am schönsten präsentiert sich das Rathaus vom Geyerswörthsteg, inzwischen der mit Abstand beliebteste Instapoint der Stadt.

Die kunstvollen Fresken verleihen der Fassade des Rathauses durch Scheinarchitektur Plastizität

Die Bamberger Symphoniker vor der Neuen Residenz in Bamberg

The Place to Listen

Bamberger Symphoniker

Bamberg, Bayern

Wer schon einmal bei einem Konzert der Bamberger Symphoniker war, kennt das: Etwa eine Stunde vor Konzertbeginn sieht man Damen und Herren mit Instrumentenkoffern auf dem Rücken die Regnitz entlangradeln, und während sich die Fahrradständer am Künstlereingang der Konzerthalle füllen, folgen die ersten Konzertbesucher auf gleichem Wege. Man schlendert vorbei am alten Brückenrathaus, am Flussufer gegenüber von »Klein Venedig« und über die schmale Brücke hinüber zum Konzertsaal. In aller Ruhe gönnt man sich hier noch ein Gläschen und nimmt dann Platz im Joseph-Keilberth-Saal der Konzerthalle, um sich ganz der Musik zu widmen.

Die Gäste sind sich einig: Das Konzertfeeling in Bamberg ist einzigartig. Das Orchester ist tief verwurzelt in der Stadt – eine Verbundenheit, die sich in einer kleinen Stadt anders herstellt. Die Symphoniker sind das einzige Reiseorchester von Weltrang, das nicht in einer Großstadt beheimatet ist. Die Bamberger sind stolz, und das zu Recht. Ihr Orchester ist über die Grenzen Europas hinweg berühmt und in den großen Konzertsälen der Welt ein gern gesehener Gast. Die 111 Musikerinnen und Musiker lassen großartige Musik ertönen, wobei der warme, runde, »böhmische« Klang einen hohen Wiedererkennungswert hat. Dass dieser in Bamberg so ausgewogen, facettenreich und mit großer Tiefe bei den Hörenden ankommt, liegt auch an der großartigen Akustik des Joseph-Keilberth-Saals, zuletzt optimiert von Starakustiker Yasuhisa Toyota.

Der in Tschechien geborene Chefdirigent Jakub Hrůša leitet den Klangkörper schon seit 2016 mit viel Feingefühl und überrascht das Publikum immer wieder mit frischen Interpretationen. Sehr beliebt sind auch die moderierten Proben, die multimedialen sowie die Familienkonzerte. Und nun noch eine besondere Empfehlung: Achtmal in der Saison spielen Musikerinnen und Musiker der Bamberger Symphoniker in kleiner, jeweils unterschiedlicher kammermusikalischer Besetzung Werke der klassischen Musik, manchmal auch Jazz oder zeitgenössische Musik. Ein Hochgenuss. Karten können auch spontan vor dem Konzert an der Abendkasse gekauft werden.

Info Bamberger Symphoniker: www.bamberger-symphoniker.de. **Info Konzerthalle:** Mußstr. 1, 96047 Bamberg. **Info Ticketshop:** Shop der Bamberger Symphoniker, Lange Str. 30, 96047 Bamberg, Tel. (09 51) 99 39 10 99.

Die Bamberger Symphoniker sind im Joseph-Keilberth-Saal der Konzerthalle beheimatet

Dom ➡ C6
Domplatz 2, Bamberg
✆ (09 51) 502 25 12
bamberger-dom.de
Tickets für Führungen erhältlich an der Kasse im Diözesanmuseum
Im Jahr 1004 legte Kaiser Heinrich II. (973–1024) den Grundstein für den Bamberger Dom, doch das heutige Bauwerk wurde erst 1237 geweiht, da der Heinrichsdom 1185 abgebrannt war. Im Inneren des Kaiserdoms befindet sich der Bamberger Reiter, das Hochgrab von Heinrich II. und seiner Gemahlin Kunigunde und das Grab für Papst Clemens II. Dieser war 1046 auf Betreiben von Heinrich III. zum Papst gewählt worden; entsprechend krönte er als erste Amtshandlung Heinrich zum Kaiser. Da der erste – und bis zur Ernennung von Benedikt XVI. im Jahre 2005 einzige – deutsche Papst bereits zehn Monate nach Amtsantritt starb, blieb sein Einfluss auf die Kirchengeschichte gering. Beigesetzt wurde er auf eigenen Wunsch im Bamberger Dom, wo er zuvor als Bischof gewirkt hatte. 1942 öffnete man das Grab und entnahm die Bekleidung des Toten,

Von oben erschließt sich die Anlage des Doms besonders gut

Brände sorgten für die Neubauten

Bamberger Dom

Bamberg, Bayern

Ein Unbekannter sorgt seit Jahrhunderten für Spekulationen. Seit seiner Ankunft im Bamberger Dom wird darüber gerätselt, wer er ist. Er scheint von hoher Geburt zu sein. Darauf lassen zumindest seine Kleidung und das edle Ross, auf dem er sitzt, schließen. Wer ist der Fremdling?

Bambergs berühmtes Wahrzeichen: der Bamberger Reiter im Kaiserdom

Die Heimat des großen Unbekannten, der Bamberger Dom, liegt inmitten der Domburg, einem frühmittelalterlichen Verwaltungszentrum und dem ehemaligen Sitz der Grafen von Babenberg. Bau- und kunstgeschichtlich ist der gewaltige Dom mit seinen vier charakteristischen Türmen ein großartiges Zeugnis der späten Romanik und der frühen Gotik. Die heute erhaltenen Bauten auf dem Domberg, innerhalb der Domburg, stammen nicht mehr aus der Bauzeit des ersten Doms. Einzig in der Alten Hofhaltung gibt es noch Reste der kaiserlichen Pfalz aus dem 11. Jahrhundert. Sehenswert ist der barocke Neubau des Kapitelhauses aus dem Jahre 1733 von Balthasar Neumann, einem der berühmtesten Barockarchitekten.

Dreimal wurde der Bamberger Dom neu errichtet: Im Jahre 1012 wurde von Kaiser Heinrich II. der erste sogenannte Heinrichdom begonnen; nur 70 Jahre später brannte er bis auf die Grundmauern nieder. Auch der Nachfolgebau wurde schon 1185 ein Opfer der Flammen. Obwohl er teilweise wieder instand gesetzt wurde, begann Bischof Ekbert von Andechs-Meran mit dem Bau eines neuen Doms, der 1237 geweiht wurde. Hier haben auch Heinrich II., der Erbauer des ersten Doms und einzige deutsche Kaiser, der heilig gesprochen wurde, und seine Frau Kunigunde ihre letzte Ruhestätte gefunden. Ihr Grabmal wurde 1513 von Tilman Riemenschneider geschaffen.

Übrigens konnte Bamberg, seit 1993 auf der Liste der UNESCO-Weltkulturerbestätten, schon lange vor der Wahl von Joseph Ratzinger zum Papst verkünden: Wir sind Papst. Denn im Bamberger Dom ist Papst Clemens II., der vormalige Bischof von Bamberg, bestattet. Nach seinem Tod im Jahr 1047 wurde der Leichnam in sein altes Bistum überführt. Es ist das einzige Papstgrab nördlich der Alpen.

Und der Unbekannte? Das Geheimnis seiner Existenz ist immer noch nicht gelüftet. Hoch zu Ross steht er auf einer Konsole am Nordpfeiler des Georgenchors. Bis heute sind sich die Experten nicht einig, wen der Bamberger Reiter darstellt. Konstantin der Große, Konrad III. oder gar einer der Heiligen Drei Könige soll es sein. Wahrscheinlich ist aber der erste christliche ungarische König, Stephan, das reale Ebenbild dieser Figur. Er wurde – der Legende nach – im Bamberger Dom getauft. Auch der Schöpfer der ältesten erhaltenen lebensechten Reiterstatue ist nicht bekannt: Er schuf sein Werk »zur höheren Ehre Gottes« und nicht zur Mehrung seines persönlichen Ruhms.

Info Bamberger Dom: Domplatz 2, 96049 Bamberg, Tel. (09 51) 502 25 12, bamberger-dom.de. Keine Besichtigung während der Gottesdienste.

Der Bamberger Dom in seiner ganzen Pracht

um sie zu restaurieren und anschließend im Diözesanmuseum auszustellen. Da man vermutete, dass Clemens von seinen Widersachern ermordet worden war, wurden auch seine Gebeine untersucht. Man konnte zwar einen deutlich erhöhten Bleigehalt feststellen, als Nachweis für einen Mord reichte das aber nicht, denn im Mittelalter war Bleizucker eine sehr gebräuchliche Substanz zum Süßen von Wein.

Der Marienaltar von Veit Stoß war ursprünglich für das Karmeliterkloster in Nürnberg gedacht, kam wegen der Reformation und der damit verbundenen Auflösung der Klöster jedoch zunächst in die Kirche Unserer Lieben Frau in Bamberg und im Jahr 1937 dann in den Dom.

Schlenkerla ➡ C6
Dominikanerstr. 6, Bamberg
✆ (09 51) 560 50
www.schlenkerla.de
Das Schlenkerla ist sicher kein Geheimtipp, doch ein Besuch lohnt sich. Als Heimat des legendären Rauchbiers hat sich das Restaurant trotz der vielen Gäste seinen Charme erhalten. Das liegt vermutlich daran, dass es schon in sechster Generation als Familienbetrieb geführt wird, und an der nach wie vor sehr soliden fränkischen Küche. Das ofenfrische »Schweineschäuferla« ist jedenfalls einen Versuch wert. €€

Personenschifffahrt Bamberg ➡ C6
Anlegestelle »Am Kranen«
Bamberg
www.personenschiffahrt-bamberg.de
Von Mai bis Mitte Oktober werden mitten in Bambergs Zentrum täglich Rundfahrten auf der Regnitz angeboten.

Calderón-Festspiele ➡ C6
Innenhof der Alten Hofhaltung, Bamberg
theater.bamberg.de

Auf der Regnitz verkehren zahlreiche Ausflugsschiffe

Bamberg ist bei aller historischen Bedeutung eine lebendige Stadt

Im Juli lädt das ETA Hoffmann Theater im Rahmen der Calderón-Festspiele zu Aufführungen unter freiem Himmel ein.

Sandkerwa ➡ C6
Bamberg
www.sandkerwa.de
Im August findet die Sandkerwa, das größte Volksfest Bambergs, statt. Dann wird auch das berühmte Fischerstechen vor der Kulisse von Klein Venedig veranstaltet.

Ausflugsziel:

Levi Strauss Museum ➡ C6
Marktstr. 33
Buttenheim
✆ (095 45) 44 26 02
levi-strauss-museum.de
Das wissen nur wenige: Die Jeans kommt aus Franken. In Buttenheim, dem Geburtsort von Levi Strauss, erfährt man mehr über die wohl berühmteste Hose der Welt und ihren Erfinder.

Die Jeans ist ein Franke

Levi Strauss Museum

Buttenheim, Bayern

Levi's ist die wohl berühmteste Jeansmarke der Welt. Dass Levi Strauss, der Gründer der Firma, aus einem kleinen Dorf in Franken stammte, war jedoch lange unbekannt. 1983 bekam der Bürgermeister von Buttenheim einen Brief aus Milwaukee. Darin bat eine Amerikanerin, die eine Ausstellung über erfolgreiche deutsche Einwanderer organisierte, um Informationen über Levi Strauss. In Buttenheim hatte keiner je davon gehört, dass der Erfinder der Jeans von hier stammen sollte. Als man das Geburtsregister durchforstete, stellte man aber fest: Tatsächlich war ein Löb Strauss im Februar 1829 als Sohn eines jüdischen Hausierers in Buttenheim zur Welt gekommen.

Sogar das Geburtshaus von Löb Strauss stand noch, war aber in erbärmlichem Zustand. Weil die Gemeinde kein Geld hatte, vergingen einige Jahre, bevor man die Renovierung in Angriff nahm. Im Jahr 2000 wurde dann das Levi Strauss Museum eröffnet. Die Straussens waren arm, ein eigenes Haus konnten sie sich nicht leisten. Das Geld reichte gerade aus, um ein Zimmerchen zu mieten und eine kleine Kochecke dazu. Im Museum kann man die winzige Wohnung, in der Löb zusammen mit sechs Geschwistern und seinen Eltern gelebt hat, besichtigen. Im Obergeschoss, in dem heute mit Fotos und Videos Löbs Lebensweg in den USA nachgezeichnet wird, wohnte damals eine andere Familie.

Die beiden Onkel von Löb waren nach Amerika ausgewandert und nach dem Tod des Vaters folgten ihnen Löb, seine Mutter und die jüngeren Geschwister. Bald nahm Löb die amerikanische Staatsbürgerschaft an und hieß fortan Levi. In den frühen 1850er Jahren zog er nach Kalifornien und verdient sein Geld damit, dass er Goldsuchern all das verkaufte, was sie zum Leben brauchten: Äxte und Tassen, Messer und Schaufeln, Hemden und Hüte. Und Hosen aus stabilem Denimstoff. Levi Strauss wurde schnell zu einem erfolgreichen Unternehmer. Die Jeans hat aber eigentlich nicht er, sondern ein gewisser Jacob Davis erfunden. Es war Davis, der auf die Idee kam, Hosen an den Stellen, an denen sie besonders strapaziert werden, mit Metallnieten zu verstärken. Strauss lieferte zwar den Stoff für die Jeans und verkaufte das fertige Endprodukt, doch Davis hat die »Waist Overalls«, wie die Jeanshosen damals hießen, erdacht und genäht. Allerdings fehlte ihm das Geld, um sich seine Idee patentieren zu lassen.

Info: Buttenheim liegt ca. 20 km südlich von Bamberg in Oberfranken. **Info Levi Strauss Museum:** Marktstr. 33, 96155 Buttenheim, Tel. (095 45) 44 26 02, levi-strauss-museum.de.

Im Museum geht es auch um die Geschichte der Jeans und den Stoff, aus dem sie hergestellt wird

BAYREUTH ➡ C6

Bayreuth (74 000 Einwohner) ist als Wagner-Stadt weltberühmt. Im **Festspielhaus** auf dem Grünen Hügel finden alljährlich die Richard-Wagner-Festspiele statt. Über die Geschichte dieses Events sowie Leben und Werk des Künstlers informiert das **Richard Wagner Museum.** Das **Markgräfliche Opernhaus** ist als Meisterwerk barocker Theaterarchitektur seit 2012 UNESCO-Weltkulturerbe.

Bekannt ist Bayreuth zudem wegen seiner Brauereien. Bis in die Mitte des 19. Jahrhunderts übernahmen vor allem die Bäcker das Brauen, dann entstanden zunehmend industrielle Brauereien. 1887 etwa eröff-

neten die **Gebrüder Maisel** ihre Bauerei, die heute zu den namhaftesten Deutschlands zählt.

Dass die Besucher durch eine Stadt spazieren können, deren Zentrum im Zweiten Weltkrieg weitgehend unzerstört blieb, verdanken sie vor allem dem Ingenieur und kommunistischen Widerstandskämpfer Karl Ruth, der im April 1945 im Zuchthaus von Bayreuth einsaß. In den Wirren der ersten Bombenangriffe konnte er fliehen und sich zu den amerikanischen Truppen durchschlagen. Dort gab er sich als unschuldig inhaftierter belgischer Offizier aus. Man glaubte ihm, steckte ihn in eine amerikanische Uniform und schickte ihn als Unterhändler in einem Jeep mit Begleitmannschaft

Ehrenhof des Alten Schlosses in der Innenstadt, der fürstlichen Residenz von 1603 bis 1753

Im Zentrum der Eremitage befindet sich die eindrucksvolle Orangerie mit dem Sonnentempel als Mittelpunkt

zurück nach Bayreuth. Dort angekommen ordnete er als erste »Amtshandlung« eigenmächtig die Freilassung der etwa 2000 Gefangenen aus dem Zuchthaus an, darunter war auch der spätere Bundestagspräsident Eugen Gerstenmaier. Eigentlich hätten die Gefangenen angesichts der nahenden US-Truppen noch am selben Tag erschossen werden sollen. Danach fuhr Ruth ins Rathaus und forderte die Deutschen, die ihn für einen amerikanischen Offizier hielten, zur kampflosen Übergabe der Stadt auf. Obwohl sich ein Kampfkommandant weigerte aufzugeben, gelang es Ruth, die Amerikaner von einem weiteren Bombenangriff auf Bayreuth abzubringen und sie davon zu überzeugen, lediglich einen gezielten Angriff auf dieses letzte Widerstandsnest vorzunehmen.

Tourist Information Bayreuth ➡ C6
Opernstr. 22, 95444 Bayreuth
✆ (09 21) 885 88, www.bayreuth-tourismus.de

Richard Wagner Museum ➡ C6
Richard-Wagner-Str. 48, Bayreuth
✆ (09 21) 757 28 16, www.wagnermuseum.de
Das Museum im »Haus Wahnfried« wurde 2015 um einen modernen Anbau erweitert. Angegliedert ist zudem das Siegfried Wagner-Haus sowie das Nationalarchiv der Richard-Wagner-Stiftung. Das Museum ist Sammlungsort, Archiv, Forschungsstätte und Ausstel-

lungsraum zugleich. Es widmet sich der Erforschung und Vermittlung von Leben und Werk Richard Wagners und der Aufführungsgeschichte der Bayreuther Festspiele.

Ein Fest der Farben: die Eremitage im Herbst

Altes Schloss in der Eremitage ➡ C6

Eremitage 4, Bayreuth
✆ (09 21) 759 69 37
www.bayreuth-wilhelmine.de
Altes Schloss nur mit zuvor gebuchter Führung zu besichtigen
Park frei zugänglich

Die Eremitage Bayreuth, eine historische Parkanlage vor den Toren der Stadt, gilt als Musterbeispiel für den Gartenbau des 18. Jh. Das Alte Schloss diente als Sommerschlösschen, ausgestattet u. a. mit einem Japanischen Kabinett und einem Chinesischen Spiegelscherbenkabinett, und ist heute ein Museum, das im Rahmen von Führungen besichtigt werden kann.

Detail vom Alten Schloss in der Eremitage

Richard Wagner Museum

Bayreuth, Bayern

Bayreuth ist mit seinen Festspielen und dem Richard Wagner Museum das Epizentrum der weltweiten Wagner-Begeisterung. Richard Wagners ehemaliges Wohnhaus »Wahnfried« mit seiner so bedeutenden wie wechselvollen Geschichte ist ein symbolträchtiger deutscher Kulturort, an dem Leben, Werk und Wirken Richard Wagners erforscht, vermittelt und für alle Sinne erlebbar gemacht werden.

»Haus Wahnfried«, das Richard Wagner von 1874 bis zu seinem Tod 1883 bewohnte, gibt einen Einblick in die Lebenswelt des Komponisten und seiner Familie, sein Leben und Schaffen. Viele Freunde und bekannte Persönlichkeiten waren hier zu Gast. In der Schatzkammer können Besucherinnen und Besucher die Arbeitsweise Wagners bis zur vollendeten originalen Partitur nachvollziehen. Die virtuelle »Interaktive Partitur« macht verschiedene Aspekte der Rückverwandlung des Notentextes in Klang und Musik zum Erlebnis.

Die Dauerausstellung im Untergeschoss des Museumsneubaus widmet sich der Aufführungsgeschichte der Bayreuther Festspiele. Präsentiert werden historische Bühnenbildmodelle, originale Kostüme und bühnentechnische Apparaturen aus dem Festspielhaus. In der Ausstellungshalle im Erdgeschoss vertiefen wechselnde Sonderausstellungen vielfältige Spezialthemen.

Das denkmalgeschützte Siegfried Wagner-Haus, 1894 von Wagners Sohn erbaut, ist im Erdgeschoss in seiner originalen Erscheinung der 1930er Jahre erhalten. Hier werden die Ideologiegeschichte Wagners dargestellt, die enge Verbindung zwischen Bayreuth und der NS-Diktatur beleuchtet sowie die persönlichen Beziehungen der Familie Wagner zu Adolf Hitler dokumentiert.

Ein abwechslungsreiches Angebot an Führungen erschließt Besucherinnen und Besuchern die verschiedenen Bereiche des Museums. Darüber hinaus bietet das Museum insbesondere während der Festspielsaison reizvolle Veranstaltungen wie Kammerkonzerte, Vorträge und Symposien.

Info: Beim Hofgarten gelegen. **Info Richard Wagner Museum:** Richard-Wagner-Str. 48, Bayreuth, Tel. (09 21) 757 28 16, www.wagnermuseum.de.

»Haus Wahnfried«, Richard Wagners ehemaliges Wohnhaus

Saal im »Haus Wahnfried«, heute Richard Wagner Museum

Ein Opernhaus zur Hochzeit

Markgräfliches Opernhaus

Bayreuth, Bayern

Das Markgräfliche Opernhaus in Bayreuth ist das besterhaltene Beispiel eines freistehenden barocken Hoftheaters und wurde von der UNESCO als »einzigartiges Monument der europäischen Fest- und Musikkultur des Barock« in die Liste des Weltkulturerbes aufgenommen. Insbesondere wegen seiner stuckierten, geschnitzten und gemalten Dekoration gilt es als weltweit einzigartig. Das so massiv wirkende Logenhaus ist hauptsächlich aus Holz und Leinwand gefertigt und steht als selbsttragende Konstruktion in der steinernen Gebäudehülle.

Es war die kunstsinnige preußische Königstochter, Markgräfin Wilhelmine von Brandenburg-Bayreuth (1709–1758), die das Ausnahmeprojekt vorantrieb. Konkreter Anlass war die Vermählung ihrer einzigen Tochter, Elisabeth Friederike Sophie, mit Herzog Carl Eugen von Württemberg. 1748 konnte das pompöse Hochzeitsfest, bei dem auch zwei italienische Opern zur Aufführung kamen, in dem großartigen Rahmen des neuen Opernhauses gefeiert werden. Zwar war die Fassade noch nicht ganz vollendet, doch der von dem Bologneser Giuseppe Galli Bibiena, dem damals berühmtesten Theaterarchitekten Europas, gestaltete Innenraum erstrahlte schon in voller Pracht.

Die Markgräfin, Lieblingsschwester Friedrichs des Großen, war musikalisch und künstlerisch begabt, komponierte, verfasste selbst Libretti und versammelte ein Ensemble italienischer Sängerinnen und Sänger am Bayreuther Hof. Sie wählte die Oper zum wichtigsten Schauplatz ihrer höfischen Repräsentation.

In Größe und Pracht konnte es das Bayreuther Haus damals mit den Opern in Weltstädten wie Wien, Paris und Venedig aufnehmen. Das hatte allerdings auch seinen Preis – der Bau stürzte das Fürstentum Bayreuth in eine heftige Schuldenkrise. Richard Wagner befand ihn dann 1871 dennoch als zu klein für seine Zwecke. Von Bayreuth war der Maestro hingegen begeistert und ließ hier das »Festspielhaus auf dem Grünen Hügel« erbauen.

Info: Im Zentrum von Bayreuth in der Nähe des Hofgartens gelegen. **Info Markgräfliches Opernhaus:** Opernstr. 14, 95444 Bayreuth, Tel. (09 21) 759 69 22, www.bayreuth-tourismus.de.

Das UNESCO-Weltkulturerbe zählt zu den schönsten Barocktheatern der Welt

Festspielhaus auf dem Grünen Hügel ➡ C6
Festspielhügel 1–2
Bayreuth
✆ (09 21) 787 80
Führungen im Winter nach Anmeldung bei der Tourist Information Bayreuth
Das Mekka für alle Wagnerianer erbaute der Leipziger Architekt Otto Brückwald 1872–75 nach Plänen von Richard Wagner. Besonderes Augenmerk legten Komponist und Baumeister auf eine herausragende Akustik, die durch eine spezielle Holzbauweise im Zuschauerraum sichergestellt werden konnte.

Markgräfliches Opernhaus ➡ C6
Opernstr. 14
Bayreuth
✆ (09 21) 759 69 22
www.bayreuth-wilhelmine.de
Wenn in dem prachtvollen, 1750 fertiggestellten Barockbau während der Festspielzeit auch keine Opern aufgeführt werden, ist er doch der eigentliche Grund dafür, dass Bayreuth zur Festspielstadt wurde. Richard Wagner hatte einen Artikel über das Opernhaus gelesen und war so begeistert, dass er glaubte den idealen Festspielort gefunden zu haben. Das bewahrheitete sich zwar nicht, doch in der Folge entstand das Festspielhaus.

Neues Schloss ➡ C6
Ludwigstr. 21, Bayreuth
✆ (09 21) 759 69 21
www.bayreuth-wilhelmine.de
Hofgarten frei zugänglich
Das Neue Schloss wurde zwischen 1753 und 1758 errichtet. Da der Vorgängerbau abgebrannt und zudem das Geld knapp war, stand der Architekt vor der Aufgabe, schnell und zugleich billig bauen zu müssen. Aus diesem Grund wurden mehrere bereits bestehende bzw. im Bau befindliche Gebäude in die Residenz einbezogen. So ist beispielsweise der Portalbereich des Schlosses durch die Umgestaltung des Rohbaus der reformierten Kirche entstanden. Im Erdgeschoss der Residenz befinden sich heute drei Museen: »Bayreuther Fayencen – Sammlung Rummel«, »Das Bayreuth der Markgräfin Wilhelmine«,

Bayreuths prunkvollster Brunnen ist der Markgrafenbrunnen vor dem Neuen Schloss

das nicht nur über deren Leben informiert, sondern auch darüber, welch großen Einfluss die älteste Tochter des »Soldatenkönigs« Friedrich Wilhelm I. auf den Bau der Residenz nahm, und die Gemäldegalerie »Malerei des Spätbarock«. Im Hauptgeschoss ist noch eine Miniaturenausstellung untergebracht.

Bayreuther Sommernachtsfest ➡ C6
Eremitage, Bayreuth
✆ (09 21) 88 57 31
de-de.facebook.com/bayreuther.sommernachtsfest
Schon Markgraf Friedrich und Markgräfin Wilhelmine feierten jedes Jahr ein Sommerfest, zu dem sie das Volk einluden. Diese Tradition wird heute fortgesetzt, wenn am Samstag des letzten Juliwochenendes Stars aus Jazz, Pop und Klassik in der illuminierten Parkanlage der Eremitage vor den Besuchern spielen.

9 **Bayreuther Festspiele** ➡ C6
Festspielhügel 1–2, Bayreuth
✆ (09 21) 787 80
www.bayreuther-festspiele.de
Das Event für alle Wagnerfans weltweit. Um Karten für die Festspiele, die alljährlich von Ende Juli bis Ende August stattfinden, zu ergattern, braucht es Glück: Wegen des riesigen Andrangs werden die raren Plätze verlost.

Wo die Musik strömt

BAYREUTHER FESTSPIELE

Bayreuth, Bayern

Am Anfang war ein Traum. Der Komponist Richard Wagner wünschte sich 1850 einen Ort, an dem er – abseits der Metropolen und ohne Zwänge eines Repertoirebetriebs – ausschließlich seine Werke zur Aufführung bringen konnte. Als er Bayerns König Ludwig II. davon erzählte, schaltete der den Bayreuther Patronatsverein ein – am 13. August 1876 wurden auf »dem Hügel« die ersten Festspiele inszeniert.

Mit 1800 Plätzen ist das Festspielhaus eine der größten Opernbühnen der Welt. Zur Uraufführung des kompletten »Ring des Nibelungen« erschienen illustre Gäste, wie Kaiser Wilhelm I. von Preußen, der Philosoph Friedrich Nietzsche, der Baumeister Gottfried Semper, der Dichter Lew Tolstoi und zahlreiche Künstler. Alle empfanden den Bau als schmucklos, zeigten sich aber begeistert von dem Orchestergraben, der so installiert worden war, dass die gigantische Musik wie aus dem Nichts und zugleich von überallher in den Saal zu strömen schien.

1874 zog Wagner nach Bayreuth, es wurde zum Epizentrum seiner Musik. Fortan mussten alle seine schöpferischen Hervorbringungen bayreuthwürdig sein. Leben und Werk des Komponisten und die Geschichte der Festspiele gehören untrennbar zusammen. Im Garten von »Haus Wahnfried«, ehemaliges Wohnhaus des Künstlers und heute Museum, liegen die Gräber von Wagner und seiner Gattin Cosima.

Bis heute ist es schwer, an Karten für eine der Vorstellungen in den fünf Wochen im Sommer heranzukommen. Für Opernliebhaber sind die Bayreuther Festspiele eine Institution.

INFO: Bayreuth liegt ca. 88 km nördlich von Nürnberg. **INFO BAYREUTHER FESTSPIELE GMBH:** Festspielhügel 1–2, 95445 Bayreuth, Tel. (09 21) 78 78-0, -780, www.bayreuther-festspiele.de, Karten sind online zu bestellen, allgemeine postalische Anfragen können gestellt werden an das Kartenbüro der Bayreuther Festspiele, Postfach 10 02 62, 95402 Bayreuth. **REISEZEIT:** Juli/Aug.

Pilgerziel der Wagner-Fans: das Festspielhaus in Bayreuth

Portal der Stadtkirche St. Moriz (links) und das Gymnasium Casimirianum in Coburg

COBURG ➡ B7

Coburg, 1056 erstmals urkundlich erwähnt und 1331 von Kaiser Ludwig dem Bayern mit den Stadtrechten versehen, zählt heute etwa 41 500 Einwohner. Von Zerstörungen im Zweiten Weltkrieg blieb die Stadt weitgehend verschont, sodass die mittelalterliche Altstadt mit einer ganzen Reihe von sehenswerten Gebäuden aufwarten kann. Besonders lohnend ist ein Spaziergang über den **Marktplatz** mit dem Stadthaus an seiner Nordseite, das im 17. Jahrhundert im Stil der Spätrenaissance erbaut wurde. Hoch über der Stadt thront die **Veste Coburg** auf einem 464 Meter hohen Dolomitfelsen und beherbergt die ehemaligen Sammlungen der Coburger Herzöge.

Tourist Information ➡ B7
Herrngasse 4
96450 Coburg
✆ (095 61) 89 80 00
www.coburgmarketing.de

Veste Coburg ➡ B7
Veste Coburg 1, Coburg
✆ (095 61) 87 90
www.kunstsammlungen-coburg.de

Die berühmte Veste Coburg thront über der Stadt

Burgfräulein trifft Sambatänzerin

Veste Coburg

Coburg, Bayern

Gemeinhin sind die Franken nicht unbedingt für ihre Affinität zu exotischen Tänzen, heißen Rhythmen und treibenden Trommelschlägen bekannt. Einmal im Jahr jedoch verwandelt sich das oberfränkische Coburg in ein kleines Rio de Janeiro: Seit 1992 findet hier jeweils am zweiten Juliwochenende das größte Samba-Festival außerhalb Brasiliens statt.

Das privat organisierte Spektakel zieht mittlerweile mehr als 3000 in- und ausländische Sambistas sowie rund 200 000 Besucher an und verwandelt sämtliche Plätze, Bars, Restaurants, Straßen und Gassen der Stadt ein Wochenende lang in einen exotischen Hexenkessel. Den großen Abschluss des Festivals bilden zwei Samba-Züge durch die Straßen der historischen Coburger Altstadt.

Wer nach dem südamerikanischen Trubel noch mittelalterliches Flair sucht, der sollte die hoch über der Stadt gelegene Veste Coburg besichtigen. Die auch »Fränkische Krone« genannte Burganlage ist eine der besterhaltenen und größten in Deutschland. Aus fast 500 Metern Höhe bietet sich dem Besucher ein fantastischer Blick vom Thüringer Wald bis zum Fränkischen Jura, zur Rhön, zum Frankenwald und zum Fichtelgebirge.

Auch die »Fränkische Krone« genannt: Veste Coburg

Innerhalb der gewaltigen mittelalterlichen Gemäuer der Veste befinden sich einige kunst- und kulturgeschichtliche Sammlungen von internationalem Rang. So können neben zahlreichen Jagd- und Schützenwaffen und den ältesten erhaltenen Kutschen der Welt auch Kunstwerke von Lucas Cranach d. Ä., Lucas Cranach d. J., Hans Holbein und Albrecht Dürer sowie Plastiken von Tilman Riemenschneider bewundert werden. Etwas Besonderes ist die Coburger Pietà, die 1360 bis 1370 in Franken oder Thüringen entstand. Sie wurde 1911 auf dem Dachboden der Pfarrkirche in Scheuerfeld entdeckt und ist eine der wenigen erhaltenen Kunstreliquien aus dieser Zeit.

Ein Highlight sind außerdem die beiden Lutherzimmer, in denen der Reformator 1530 ein halbes Jahr lebte und an seiner Bibelübersetzung arbeitete.

Info: Coburg liegt 110 km nördlich von Nürnberg. **Info Samba-Festival:** Sambaco GmbH, Rodacher Str. 44, 96450 Coburg, Tel. (095 61) 70 53 70, www.samba-festival.de. **Info Veste Coburg:** Coburg, Tel. (095 61) 87 90, www.kunstsammlungen-coburg.de, Führungen nach vorheriger Anmeldung. **Reisezeit:** Im Juli.

Im Jahr 1056 erstmals urkundlich erwähnt, wurde die Veste Coburg auf Grund ihrer strategischen Bedeutung in den folgenden Jahrhunderten zu einer der größten Burganlagen Deutschlands ausgebaut. Der unter Reichsacht stehende Martin Luther hat hier 1530 an seiner Bibelübersetzung gearbeitet. Im 19. Jh. wurde die Veste entsprechend der deutschen Burgen- und Ritterromantik umgestaltet. Heute sind in der Anlage neben Werken u. a. von Cranach d. Ä. und Dürer ein großes Kupferstichkabinett sowie historische Waffen und eine der ältesten Kutschen der Welt zu sehen.

Schloss Ehrenburg ➡ B7
Schlossplatz 1
Coburg
✆ (095 61) 80 88 32
www.schloesser-coburg.de/deutsch/ehrenburg
Besichtigung nur mit Führung
Die Stadtresidenz der Coburger Herzöge, erbaut 1543, wurde 1690 im Stil des Barock erweitert. Sehenswert sind der Riesensaal mit 28 mächtigen Atlantenfiguren und die prunkvollen Festräume im Empire-Stil. Das Schlafzimmer von Queen Victoria, die mit dem Coburger Prinzen Albert verheiratet war, erinnert an

Schloss Ehrenburg (links) befindet sich am östlichen Rand der historischen Altstadt

die Besuche der englischen Königin in Coburg. In der Bildergalerie sind u. a. Werke von Lucas Cranach d. Ä. ausgestellt.

Stadtkirche St. Moriz ➡ B7
Pfarrgasse 7, Coburg
✆ (095 61) 87 14 24
www.morizkirche-coburg.de
Die Ursprünge der Kirche gehen bis ins 12. Jh. zurück, der heutige Bau datiert aus dem 14. Jh. Martin Luther, damals unter Reichsbann, predigte hier in der Osterwoche 1530 gleich sieben Mal. Beachtenswert im Innern ist das 12 m hohe Alabaster-Grabmal im Chorraum. Herzog Johann Casimir ließ es 1598 für seine Eltern errichten.

Goldenes Kreuz ➡ B7
Herrngasse 1, Coburg
✆ (095 61) 51 34 07
www.goldenes-kreuz-coburg.de
Fränkische Küche im ältesten Haus der Stadt. Der Sauerbraten mit Klößen ist verlockend, der Bratwurstteller kombiniert Coburger und Nürnberger Würste, das Bier kommt aus der eigenen Brauerei. €€

Drei Tage im Juli ist ganz Coburg im Samba-Fieber und …

Sambafestival ➡ B7
Coburg
www.samba-festival.de
Am zweiten Juliwochenende wird Coburg zum fränkischen Rio: Drei Tage lang wird das Sambafestival mit Umzügen, Konzerten und Tanzkursen gefeiert. Sogar der bekannte brasilianische Fußballprofi Giovane Élber, einst in Diensten bei Bayern München, war schon da und schwärmte davon, dass er sich fast wie zu Hause in Brasilien fühle.

… bewundert die Tänzerinnen bei den Umzügen

Ausflugsziel:

Europäisches Museum für Modernes Glas ➡ B7
Rosenau 10
Rödental (5 km von Coburgs Zentrum entfernt)
✆ (095 61) 87 90 oder (095 63) 16 06
glasmuseum.kunstsammlungen-coburg.de
In dem modernen Neubau gegenüber der Orangerie von Schloss Rosenau (Schlossbesichtigung nur mit Führung) zeigt die Ausstellung auf 1260 Quadratmetern moderne Glaskunst von den 1960er Jahren bis heute. Neben künstlerisch gestaltetem Gebrauchsglas sind Skulpturen und Installationen aus Glas zu sehen. Außerdem können sich Besucher über die Herstellung von Glas informieren. Im Untergeschoss befindet sich die Studiensammlung Keramik.

⑩ FRÄNKISCHE SCHWEIZ ➡ C/D7/8

Der Dichter Jean Paul hatte schon Recht, als er 1798 über die Fränkische Schweiz schrieb: »Hier läuft der Weg von einem Paradies durchs andere.« Die Fränkische Schweiz ist das Land der Burgen, Höhlen und Brauereien. 170 mittelalterliche Burgen thronen hier auf den Gipfeln, mehr als 1000 Höhlen durchziehen die Region und in 70 kleinen und mittleren – meist familiengeführten – Betrieben wird Bier gebraut. Nirgends auf der Welt ist die Brauereidichte so hoch wie hier. Wer die Fränkische Schweiz und alle ihre Sehenswürdigkeiten erleben will, der müsste Monate, wenn nicht Jahre durch das Gebiet reisen.

Wo also anfangen? In **Gößweinstein** ➡ D8 vielleicht. Hier steht mit der 1739 eingeweihten Dreifaltigkeitsbasilika eines der bedeutendsten Bauwerke des Spätbarock, erbaut vom großen Architekten Balthasar Neumann. Außerdem thront eine Burg auf dem Berg und den Besuch beider Sehenswürdigkeiten kann man trefflich auf dem Balthasar-Neumann-Rundwanderweg miteinander verbinden.

Wanderfreunde, die mehr als nur diesen kleinen Ausflug machen wollen, finden ein Netz von rund 260

Gößweinstein ist bekannt für die Dreifaltigkeitsbasilika (rechts)

Wagners Burg und die Basilika der Gottesmutter

Burg und Basilika Gössweinstein

Gößweinstein, Bayern

Romantiker fühlen sich wohl in der Fränkischen Schweiz. Auf fast jedem Berg thront eine Burg oder ein Schloss und kaum eine Flussbiegung, hinter der nicht zumindest eine malerische Ruine steht. Hoch über der Wiesent taucht Burg Gößweinstein aus dem Nebel auf. Ein weißer Rundturm überragt die kleine Burg. Im 11. Jahrhundert erbaut, erhielt sie ihr neugotisches Aussehen beim letzten Umbau im Jahr 1890. Und: Sie war die Lieblingsburg vieler romantischer Dichter.

Richard Wagner hat die Gralsburg in seinem Parsifal angeblich nach dem Vorbild von Gößweinstein geformt. Die Wirkung, die die Burg auf den Komponisten gehabt haben muss, lässt sich auch heute noch gut nachvollziehen. Sieht man Gößweinstein vom Tal aus, kann man sich durchaus vorstellen, wie Adler die Burg umkreisen und mutige Ritter geheime Schätze gegen gierige Angreifer verteidigen.

Von den Burgmauern blickt man hinab auf die zweite Sehenswürdigkeit des kleinen Orts: die Basilika, die 1730–39 vom großen Barockbaumeister Balthasar Neumann erbaut wurde. Schon der Vorgängerbau war das Ziel gläubiger Pilger. Besonders verehrt wird, heute wie damals, ein aus Lindenholz geschnitztes Gnadenbild, das die Krönung Mariens zeigt.

Ursprünglich stand es angeblich in der 15 Kilometer entfernten Dorfkirche von Hüll. Als während der Reformationszeit fanatische Bilderstürmer die Mariendarstellung zerstören wollten, griffen mutige Gläubige ein und versteckten das Bild, das dann auf Umwegen nach Gößweinstein kam. Von dort sollte es nach Bamberg gebracht werden. Doch selbst mit einem Wagen, dem vier Ochsen vorgespannt waren, so erzählt die Sage, ließ sich das Marienbild nicht bewegen. Ein deutliches Zeichen, dass der Gottesmutter hier in Gößweinstein gehuldigt werde sollte.

Info: Gößweinstein liegt ca. 50 km nordöstlich von Nürnberg. **Info Burg Gössweinstein:** Burgstr. 30, 91327 Gößweinstein, Tel. (092 42) 299 98 91, www.burg-goessweinstein.de. **Info Basilika Gössweinstein:** Balthasar-Neumann-Str. 2, 91327 Gößweinstein, Tel. (092 42) 264, pfarrgemeinde-goessweinstein.de.

Blick auf das winterliche Gößweinstein mit Burg und Basilika

Burg Pottenstein zählt zu den ältesten Burgen der Fränkischen Schweiz

Kilometern markierter Wanderwege. Und wer noch höher hinaus will: Mit über 6500 Routen zählt die Fränkische Schweiz zu den am besten erschlossenen Klettergebieten weltweit.

Nicht weit entfernt liegt **Pottenstein** ➡ D8. Eine Burg gibt es auch hier, zudem die Ruine Leienfels. Bekannt ist der Ort aber wegen der Teufelshöhle. Mit einer Gesamtlänge von drei Kilometern – die Hälfte davon ist für Besucher zugänglich – gehört sie zu den größten Tropfsteinhöhlen Bayerns. Außerdem kann Pottenstein mit einem ganz besonderen Museum aufwarten: Das gruselige Scharfrichtermuseum erzählt vom grausamen Geschäft der Henker.

Eine weitere Höhle liegt in **Streitberg** ➡ D7. In der dortigen Binghöhle, benannt nach ihrem Entdecker, gibt es ebenfalls beeindruckende Tropfsteingalerien zu entdecken.

In **Forchheim** ➡ D7, der Stadt, die sich selbst das »Eingangstor zur Fränkischen Schweiz« nennt, produzieren noch vier familiengeführte Brauereien. Die hier hergestellten – und zahlreiche weitere – Biere kann man im Forchheimer Kellerwald probieren, denn hier liegen 23 traditionelle Bierkeller unter schattigen Bäumen

Burg Pottenstein und Burg Rabenstein

Fränkische Schweiz, Bayern

Die Burgenstraße, die von Mannheim nach Prag führt, durchquert auch die Fränkische Schweiz. Doch während man in anderen Regionen oft Stunden fahren muss, um von einer Burg zur andern zu kommen, reihen sie sich hier auf wie an der Perlenschnur: Burg Egloffstein, Burg Rabenstein, Burg Waischenfeld, Burg Pottenstein, Burg Gößweinstein und die Ruine Neideck, die Schlösser Greifenstein und Unteraufseß: Die Fränkische Schweiz ist ein Paradies für Ritter.

Auf Pottenstein glänzt nicht alles. Aber das muss es auch nicht auf einer Burg. Die vielen Besucher, die seit der Eröffnung des Burgmuseums im Jahr 1956 die mehr als hundert flachen Stufen zum Burgtor hochgestiegen sind, hat dies offenbar nicht gestört. Warum die Stufen so flach sind, kann Burgherr Freiherr von Wintzingerode erklären: »Als die Menschen früher hier Zuflucht suchten, brachten sie auch Ziegen und Kühe mit. Und die Tiere hätten höhere Treppen nicht geschafft.«

Burg Rabenstein beherbergt ein Restaurant und ein Hotel

Pottenstein hat eine lange Geschichte. Die Burg wurde im 11. Jahrhundert von Pfalzgraf Botho von Kärnten gegründet. Bothos Burg wurde im Laufe der folgenden Jahrhunderte immer wieder belagert, hielt aber als Schutzburg der Bamberger Bischöfe jedem Ansturm stand. Einen berühmten Gast gab es auch: Die heilige Elisabeth fand 1228 hier Schutz.

Burg Rabenstein wird noch heute von einem Ritter bewacht. Der ist allerdings aus Pappe und auf seiner Rüstung sind die Zeiten für die Führungen abgedruckt. Burg Rabenstein, die in schroffer Schönheit das Ailsbachtal überragt, blickt auf eine ganz andere Geschichte zurück als die benachbarte Burg Pottenstein. Hier war die Vergangenheit düster, die Gegenwart scheint jedoch zu »glänzen«.

1188 erbaut, wurde Rabenstein immer wieder zerstört und stand nach dem Dreißigjährigen Krieg lange als Ruine da. Mitte des 19. Jahrhunderts baute man die Burg dann neu, im Stil des Barocks, wieder auf. Heute beherbergt sie ein Restaurant und ein Spitzenhotel.

Info: Burg Pottenstein und Burg Rabenstein liegen jeweils knapp 30 km südwestlich von Bayreuth in der Fränkischen Schweiz. **Info Burg Pottenstein:** Burgstr. 13, 91278 Pottenstein, Tel. (092 43) 72 21, www.burgpottenstein.de. **Info Burg Rabenstein:** Rabenstein 33, 95491 Ahorntal, Tel. (092 02) 970 04 40, www.burg-rabenstein.de.

Vor dem Forchheimer Rathaus steht der Kriegerbrunnen

nebeneinander. Man sagt »Keller« statt »Biergarten«, da der Gerstensaft früher in kühlen Gängen unter der Erde gelagert und auf diesen Kellern dann das Bier ausgeschenkt wurde. Die Forchheimer Bierkellersaison geht von April bis Oktober, doch einige Wirtschaften haben auch im Winter geöffnet. Höhepunkt des Bierkellerjahres ist das elftägige Annafest Ende Juli.

Und was hat Forchheim noch zu bieten? Viele Fachwerkhäuser im Zentrum und – wen wundert es – eine Festungsanlage. Zudem befindet sich in der Kaiserpfalz, dem fürstbischöflichen Schloss aus dem 14. Jahrhundert mitten in der historischen Altstadt, das **Pfalzmuseum**. Eindrucksvolle Architektur und bedeutende Wandmalereien aus dem Spätmittelalter erheben das Haus zu einem »Denkmal von nationaler Bedeutung«.

i Tourismuszentrale Fränkische Schweiz ➜ D7
Oberes Tor 1
91320 Ebermannstadt
✆ (09191) 86 10 54
www.fraenkische-schweiz.com

Kulturpfalz mit vier Museen unter zwei Dächern

Pfalzmuseum Forchheim

Forchheim, Bayern

Der Ostflügel der beeindruckenden Kaiserpfalz beheimatet das Pfalzmuseum Forchheim mit drei Spezialmuseen: 1300 Quadratmeter Ausstellungsfläche und etwa 500 Quadratmeter Nutzfläche bieten Platz für das Archäologiemuseum Oberfranken, das Stadt- und das Trachtenmuseum sowie für wechselnde Sonderausstellungen. Gleich nebenan lockt das Erlebnismuseum Rote Mauer in der Kasematte. Sehr beliebt sind auch die zahlreichen Veranstaltungen in der Kaiserpfalz, wie Konzerte, Festivals, Theaterevents und Kunsthandwerkermarkt.

Das Archäologiemuseum Oberfranken erzählt die regionale Kulturgeschichte von der ersten Besiedlung mit den Neandertalern bis an die Schwelle der Neuzeit im 18. Jh. Schmuck, Kultgegenstände und Waffen, Illustrationen und Schriften legen Zeugnis ab vom Leben und Glauben, Brauchtum und Schaffen vergangener Kulturen. 1200 Jahre Stadtgeschichte werden in den neun Stadtbildern des Stadtmuseums lebendig. Der Einsatz modernster Projektions- und Soundtechnik sowie Inszenierungen und Mitmachstationen ermöglichen ein unmittelbares Erleben.

Eine Welt voller Muster, Stoffe und Farben offenbart sich im Trachtenmuseum, das etwa 700 Originalobjekte sowie die Biografien der Trägerinnen, das Arbeitsmaterial, Fotos und Geschichten in fränkischer Mundart zeigt. Das Erlebnismuseum in der ältesten, altitalienischen Bastion rekonstruiert mit Inszenierungen, Texten und Hörspielen den Alltag in der historischen Festungsanlage und deren bewegte Geschichte.

Info: Forchheim liegt ca. 35 km nördlich von Nürnberg. **Info Pfalzmuseum Forchheim:** In der Kaiserpfalz, Kapellenstr. 16, Forchheim, Tel. (091 91) 71 43 27, kaiserpfalz.forchheim.de.

Im Erlebnismuseum Rote Mauer wird Geschichte lebendig vermittelt

Das Pfalzmuseum Forchheim residiert in den Mauern der Kaiserpfalz aus dem 14. Jahrhundert

Fränkische Unterwelt

»Papstkrone« und »Barbarossadom« sind kleine Wunder der Natur – die Tropfsteine in der Teufelshöhle von Pottenstein faszinieren die Besucher. Löchrig wie ein Schweizer Käse ist vor allem der Nordosten Frankens. In der Karstlandschaft der Fränkischen Schweiz zwischen Bamberg, Bayreuth und Erlangen ist mit rund 1000 Höhlen das größte zusammenhängende Höhlengebiet Deutschlands entstanden.

Unter den vielen Toren zur Unterwelt sind zahlreiche Tropfsteinhöhlen, die im Laufe der Jahrmillionen durch die Kraft des Wassers geformt wurden. Die sehenswertesten wurden für Besucher ausgebaut und geben einen spannenden Einblick in die Erdgeschichte: in Pottenstein die **Teufelshöhle** ➡ D8, in Wiesenttal-Streitberg die **Binghöhle** ➡ D7, in Neuhaus an der Pegnitz die **Maximiliansgrotte** ➡ E8 und im Ahorntal die **Sophienhöhle** ➡ D8.

In der Binghöhle finden sich beeindruckende Tropfsteingalerien

Wie ein unterirdisches Band mit verschlungenen Gängen zieht sich die Höhlenlandschaft bis rund um Nürnberg. An der Schwarzach bei Feucht hat die Natur bizarre und gleichermaßen faszinierende Öffnungen in die Tiefe der Erde geformt. Die **Petershöhle** ➡ E8 bei Hartenstein in der Fränkischen Alb und die **Jungfernhöhle** ➡ C7 in Litzendorf gehören zu den schönsten. Aus dem Basalt der Rhön hat sich die **Frauenhöhle** ➡ A4 bei Hausen geschält.

Der spannende Gang in die Unterwelt sollte immer in Begleitung eines erfahrenen Guides erfolgen.

Zum Bären in die Höhle

TEUFELSHÖHLE

Pottenstein, Bayern

Nirgends auf der Welt gibt es auf so kleiner Fläche so viele Höhlen wie in der Fränkischen Schweiz. Mit einer Länge von drei Kilometern – eineinhalb davon sind für Besucher begehbar – ist die Teufelshöhle in Pottenstein die größte unter ihnen. Bekannt ist sie nicht nur wegen ihrer Größe, sondern auch für die vielen Stalagmiten und Stalaktiten. Bedenkt man, dass es in der Teufelshöhle fast 15 Jahre dauert, bis ein Tropfstein um etwa einen Millimeter wächst, wirken die Sintersteine umso beeindruckender.

In die Teufelshöhle hinein geht es durch ein riesiges Portal von 25 Metern Breite und 14 Metern Höhe. Zu verfehlen ist das nicht – und deshalb ist die Teufelshöhle schon seit Langem bekannt.

Allerdings hatte man bis in die 1920er Jahre keine Ahnung, wie riesig sie ist. Man glaubte, dass es sich um einen Felssturz von etwa 85 Metern Tiefe handele, und sprach daher vom »Teufelsloch«. Heute weiß man, dass der 100 Quadratmeter große »Kuppelsaal« – das ehemalige Teufelsloch – mit seiner Höhe von mehr als zehn Metern nur der Anfang der riesigen Höhle ist.

Besonders der »Barbarossadom« – er ist 45 Meter lang, 18 Meter breit und bis zu 18 Meter hoch – und der Riesensaal bringen die Besucher zum Staunen. Dort steht auch der »Riese Goliath«, ein Tropfstein, der weit über 300 000 Jahre alt ist. In den drei kleinen Bärenhöhlen hat man Knochen von 80 Höhlenbären gefunden, die hier vor über 30 000 Jahren lebten. In einer der Nischen kann man das vollständige Skelett eines solchen Tieres sehen.

Während man durch die konstant 9 °C warme bzw. kalte Höhle geht, gilt: immer schön tief einatmen. Die Luft hier unten ist nämlich besonders gesund. Die Teufelshöhle ist Mitglied im Deutschen Heilstollenverband und bietet seit über 20 Jahren Kuraufenthalte für Menschen mit chronischen Atemwegserkrankungen an.

INFO: Pottenstein liegt 70 km nordwestlich von Nürnberg. **INFO TEUFELSHÖHLE:** Schüttersmühle 5, 91278 Pottenstein, Tel. (092 43) 208, www.pottenstein.de.

Teufelshöhle bei Pottenstein

Das Hofer Rathaus mit dem achteckigen Turm

HOF ➡ B9

Schon Johann Wolfgang von Goethe hat auf seinen Reisen Hof besucht – und er stellte der Stadt in einem Brief von 1812 ein gutes Zeugnis aus. Er schrieb: »Hübsche Lage des Gasthofes zum Hirsch vor dem Oberthor, große Lebendigkeit, hübsche Mädchen, muntere Kinder, viel Beweglichkeit.«

Im Zentrum der heute gut 46 000 Einwohner zählenden Stadt lohnt ein Spaziergang durch das **Gründerzeitviertel** in der Marien- und Bahnhofstraße mit stattlichen Stadthäusern aus dem 19 Jahrhundert. Das **Rathaus** aus dem 16. Jahrhundert sollte man allein schon wegen seines achteckigen Turms besuchen, denn mit einem Aufstieg (März–Okt.) über 152 Stufen erreicht man die Aussichtsplattform. Einen herrlichen Blick hat man auch vom **Labyrinthberg**. Seine künstliche Ruine mit dem 16 Meter hohen Turm ist das Ziel so manch romantischen Spaziergangs.

Eine kleine Kuriosität ist das **Streichholzmodellmuseum** von Harald Wirth, in dem man die weltgrößte Sammlung von Streichholz-Fahrzeugen bestaunen kann. Ebenfalls kurios, aber auf ganz andere Weise,

Hof liegt im Flusstal der Saale

Wärschtla auf die Hand

HOFER WÄRSCHTLAMÄNNER

Hof, Bayern

Johann Albrecht Sandner war der erste mobile Wurstverkäufer in Hof, der erste »Wärschtlamo«. 1871 ließ er sich ins Gewerberegister der oberfränkischen Stadt eintragen. Sandner und seine Nachfolger zogen noch vor die Fabriken und trugen ihren Kunden das Essen sozusagen hinterher. Feste Plätze waren sogar verboten, damals mussten die Wärschtlamänner ihre Würstchen »im Umherlaufen« verkaufen. Heute ist das anders. Sie haben ihre Stammplätze in der Altstadt – in der Lorenzstraße oder am Oberen Tor –, an denen sie bei Wind und Wetter mit einem Messingkasten für die Würste und einem Henkelkorb für »Bredla«, Brötchen, stehen.

Zur typischen Kleidung der Wurstverkäufer gehört die »weißa Scherzn«, die weiße Schürze. Gegen die Kälte schützt die »lederna Jubbn«, die lederne Jacke, und die »Patschkappn« oder »Patschn«, die Mütze, hält den Verkäufer bei Regen einigermaßen trocken. Ursprünglich waren Wärtschla ein Synonym für »Wienerla«, Wiener Würste also. Heutzutage schätzen die Kunden eine größere Auswahl und so finden sich im Angebot der Wärschtlamänner auch »Gnagger«, »Bauern« und »Weißa«, also Knackwürste, Debrecziner und Weißwürste. Kostenlos zur Wurst dazu gibt es einen kleinen Plausch. Die Hofer Würstchenverkäufer bieten nicht nur leckeres Essen, sondern auch ein bisschen soziale Wärme. Und weil dem so ist, haben die meisten Einheimischen auch einen Lieblings-Wärschtlamo, bei dem sie immer wieder kaufen.

Heute geht nur noch ein halbes Dutzend Verkäufer diesem Beruf, der Stand- und Wetterfestigkeit verlangt, nach. In den 1920er Jahren boten über 20 Wärschtlamänner ihre Waren an und 1929, inmitten der Weltwirtschaftskrise, waren sogar 34 in Hof unterwegs. Der traditionelle Ruf des Wärschtlamos ist aber über alle Jahre gleich geblieben: ein lauter Pfiff, gefolgt von einem »Haaß senn sa, kolt wern sa«, auf Hochdeutsch: »Heiß sind sie, kalt werden sie.«

Weil die Wärtschlamänner für Hof eine ganz besondere Bedeutung haben, hat man ihnen am Sonnenplatz gegenüber der Marienkirche ein eigenes Denkmal gesetzt.

INFO: Hof liegt an der Saale im Nordosten von Bayern in Oberfranken. **INFO Hof:** Tourist Information Hof, Ludwigstr. 24, 95028 Hof, Tel. (092 81) 815 77 77, www.hof.de.

Gegenüber der Hofer Marienkirche ehrt ein Denkmal die Wärtschlamänner

Das geteilte Dorf

DEUTSCH-DEUTSCHES MUSEUM MÖDLAREUTH

Mödlareuth, Gemeinde Töpen, Bayern

Im malerischen vogtländischen Tannbachgrund erinnert das Deutsch-Deutsche Museum Mödlareuth an die Teilung eines bayerisch-thüringischen Dorfs, das über vier Jahrzehnte zugleich im Osten und im Westen lag. Die alten Buchen, die in Mödlareuth den Tannbach säumen, wachsen zwar im selben 48-Seelen-Dörfchen, doch ihre Blätter fallen jeweils in zwei Länder, denn die eine Uferseite gehört zu Thüringen, die andere zu Bayern.

Geteilt hat man den Ort, der schon im Mittelalter existierte, im Jahr 1810. Damals bildete der Tannbach die Grenze zwischen dem Königreich Bayern und dem Fürstentum Reuß, nach dem Ersten Weltkrieg dann zwischen dem Freistaat Bayern und dem Land Thüringen. Das störte Mödlareuths Bewohner nicht. Gemeinsam ging man in Bayern zur Kirche. Gelernt und gefeiert wurde in Thüringen. Bis 1945 war von der Trennung praktisch nichts zu spüren.

Ehemaliger Wachturm der Grenze in Mödlareuth

Nach dem Zweiten Weltkrieg wurde alles anders. Zuerst besetzten die Amerikaner Mödlareuth. Dann kam die sowjetische Armee. Ab 1946 verlief wieder eine Demarkationslinie durch den Tannbach. Mit der Gründung von BRD und DDR 1949 wurde er zur Staatsgrenze. Zwei Weltsysteme trafen sich an einem Dorfbach. Zuerst bildete nur er die Sperrmarkierung. Ab 1952 gab es einen Zaun.

Während das Grenzgebiet auf der westdeutschen Seite frei zugänglich war und sich bald sogar ein Grenztourismus entwickelte, war der Ostteil komplett abgeriegelt. 1966 ließ das SED-Regime eine 700 Meter lange und 3,40 Meter hohe Mauer bauen. Als mit dem Fall der Mauer 1989 der Spuk ein Ende fand, beschlossen die Mödlareuther Teile der verhassten Grenzanlage zu erhalten. Das heutige Museum umfasst außerdem eine Ausstellung, eine Bibliothek und ein Kino.

INFO: Mödlareuth liegt 13 km nördlich von Hof und 86 km südlich von Jena. **INFO DEUTSCH-DEUTSCHES MUSEUM:** Mödlareuth 13, 95183 Töpen, Tel. (092 95) 13 34, www.moedlareuth.de.

sind die **Hofer Wärschtlamänner**. Seit 1871 bieten sie frisch aus dem dampfenden Messingkessel die guten Hofer »Wärscht« an und haben sich in mehr als 150 Jahren zu den größten Sympathieträgern der Stadt entwickelt.

Blick vom Theresienstein auf die Untere Vorstadt und Altstadt von Hof

Tourist Information ➡ B9
Ludwigstr. 24
95028 Hof
✆ (092 81) 815 77 77
www.hof.de

Museum für Streichholzmodelle Harald Wirth ➡ B9
Georg-Könitzer Str. 19, Hof
✆ (092 81) 14 05 34
Motorräder und Autos, Schiffe und Bäume – in diesem privaten Museum ist alles aus Streichhölzern gebaut.

Internationale Hofer Filmtage ➡ B9
Hof
hofer-filmtage.com
In der letzten Oktoberwoche kommt die große Kinowelt nach Hof. An sechs Tagen werden in den Kinos der Stadt über 100 neue Filme vorgestellt. Der Schwerpunkt des Festivals liegt auf Dokumentar- und Kurzfilmen.

Ausflugsziele:

Deutsch-Deutsches Museum Mödlareuth ➡ A9
Mödlareuth 13
Töpen
✆ (092 95) 13 34
www.moedlareuth.de
15 Kilometer nördlich von Hof liegt die Ortschaft Mödlareuth, durch die zu Mauerzeiten die innerdeutsche Grenze verlief und die deswegen als Klein-Berlin bekannt wurde. Das Deutsch-Deutsche Museum, in dem die Besucher u. a. die ehemaligen DDR-Grenzbefestigungen sehen können, erinnert an diese Zeit.

Untreusee ➡ B9
Im Süden von Hof liegt der Untreusee. Der zwei Kilometer lange und 700 Meter breite Stausee ist eines der beliebtesten Sommerausflugsziele der Region.

KRONACH ➡ B8

In der über 1000 Jahre alten Stadt (2800 Einwohner) wurde 1472 Lucas Cranach d. Ä. geboren. Sehenswert ist die spätmittelalterliche Altstadt mit dem historischen **Rathaus** von 1583 als zentralem Punkt. Hoch über Kronach thront die **Festung Rosenberg**, die im Laufe ihres Bestehens nie erobert wurde und in der heute die Fränkische Galerie untergebracht ist.

Tourist Information ➡ B8
Marktplatz 5
96317 Kronach
✆ (092 61) 970
www.kronach.de

Festung Rosenberg ➡ B8
Festung 1, Kronach
✆ (092 61) 604 10

Die oberfränkische Stadt Kronach an der Haßlach mit dem Steinwehr

Tor der Festung Rosenberg mit dem Wappen des Fürstbischofs Philipp Valentin Voit von Rieneck

1249 erstmals urkundlich erwähnt, kamen in den folgenden Jahrhunderten immer wieder neue Mauern und Türme hinzu. Die Fränkische Galerie auf der Festung zeigt 220 Meisterwerke aus Franken von der Spätgotik bis zur Renaissance – die berühmtesten stammen von den beiden »Lokalmatadoren« Lucas Cranach und Hans Süß. Eine zweite Ausstellung befasst sich mit dem Thema »Festungen – Frankens Bollwerke«.

KULMBACH ➡ C8

Die 25 000 Einwohner zählende Stadt liegt am Zusammenfluss des Roten und Weißen Mains. Bekannt ist Kulmbach für seine Biere und die wuchtige **Plassenburg**, die hoch über der Stadt thront und heute vier Museen beherbergt.

Obwohl hier lange die Hohenzollern herrschten, nimmt ein ganz anderer den Rang des berühmtesten Kulmbachers ein, nämlich Thomas Gottschalk, der langjährige Liebling der deutschen Fernsehzuschauer. Der historische Stadtkern ist zu großen Teilen erhalten und wird geprägt von Häusern aus der zweiten Hälfte des 16. Jahrhunderts.

Die heimliche Bierbrauerhauptstadt Bayerns

Kulmbacher Altstadt und die Plassenburg

Kulmbach, Bayern

Kulmbach gilt den Franken als heimliche Bierbrauerhauptstadt Bayerns. Die Münchner würden das so nicht durchgehen lassen, aber München ist weit. Das Starkbierfest zu Beginn der Fastenzeit und die Bierfeste im Sommer sind hier legendär. Die Stadt, grün eingebettet am Rand von Frankenwald und Fichtelgebirge, fiel 1340 an die Hohenzollern und war für fast drei Jahrhunderte Sitz der Markgrafen von Brandenburg-Kulmbach. Aus dieser Zeit stammt die mächtige Plassenburg über der Stadt, die im 16. Jahrhundert im Stil der Renaissance umgebaut wurde und seither den Schönen Hof hat, einen stimmungsvollen Ort, gerahmt von übereinanderliegenden Arkadengängen.

Kulmbacher Altstadt

In den Schlossräumen marschieren immer noch viele der über 300 000 Zinnfiguren zur Schlacht gegen einen imaginären Feind. Das Deutsche Zinnfigurenmuseum hält in geraden Jahren Zinnfigurenbörsen ab. Zudem gibt es in der Plassenburg noch das Landschaftsmuseum Obermain und das Armeemuseum Friedrich der Große. In den Wohnräumen der Burg vermittelt das Museum Die Hohenzollern in Franken einen guten Eindruck vom fürstlichen Leben zur Zeit des Barock.

Aus dem Mittelalter ist im gemütlichen Kulmbach noch viel Trutzwerk erhalten, so ein Teil der Stadtbefestigung mit dem Wehrturm Bürgerloch, einer mächtigen Toranlage, dem Weißen Turm und dem Roten Turm. Dazu ein ganzes Gassennetz mit Fachwerkhäusern. Mittelpunkt ist der von Geschäften und Cafés umgebene Marktplatz mit dem Luitpoldbrunnen, um den herum zweimal wöchentlich ein Bauernmarkt stattfindet.

Info: Kulmbach liegt ca. 20 km von Bayreuth entfernt. **Info Kulmbach:** Tourist Information, Buchbindergasse 5, 95326 Kulmbach, Tel. (092 21) 958 80, www.kulmbach.de. **Info Plassenburg:** Festungsberg 27, 95326 Kulmbach, Tel. (092 21) 94 05 71, plassenburg.de.

Tourist Information ➡ C8
Buchbindergasse 5
95326 Kulmbach
✆ (092 21) 958 80
www.kulmbach.de

Plassenburg ➡ C8
Festungsberg 27, Kulmbach
✆ (092 21) 94 05 71
plassenburg.de
Burgkarte für alle Museen erhältlich
Die Plassenburg ist eine der größten Festungsbauten der Renaissance in Deutschland. 1135 erstmals erwähnt, gelangte die Burg 1340 in den Besitz der Burggrafen von Nürnberg – bis zum Ende des 18. Jh. herrschten die Hohenzollern hier. Nachdem die Burg ihren militärischen Nutzen verloren hatte, diente sie u. a. als Zuchthaus und Kriegsgefangenenlager, bis 1929 die museale Nutzung begann. Heute haben vier Museen ihren Sitz in den historischen Mauern. Das **Zinnfigurenmuseum** ist mit mehr als 300 000 Einzelfiguren die weltgrößte Sammlung ihrer Art und hat sich damit den Eintrag ins Guinness Buch der Rekorde verdient. Das **Landschaftsmuseum Obermain** zeigt kunst- und kulturgeschichtliche Exponate aus dem Obermaingebiet und der Stadt Kulmbach. Das Museum **Die Hohenzollern in Franken** erinnert an eines der bedeutendsten deutschen Adelsgeschlechter und das **Armeemuseum Friedrich der Große** beherbergt die größte Sammlung altpreußischer Militaria zwischen 1700 und 1806.

In Kulmbachs Altstadt

Oberhalb von Kulmbach beherbergt die Plassenburg gleich vier Museen

Im Felsenlabyrinth Luisenburg bei Wunsiedel

WUNSIEDEL ➡ C10

Wunsiedel liegt im Fichtelgebirge und ist der Geburtsort des Schriftstellers Jean Paul. Diesen beiden Themen widmen die wichtigsten Museen des Orts ihre Aufmerksamkeit: Das **Fichtelgebirgsmuseum** informiert über die Region, ihre Natur, Kultur und Geschichte. Das **Geburtszimmer von Jean-Paul**, in dem er am 21. März 1763 zur Welt kam, wurde nach originalen Plänen in den Zustand zur Zeit seiner Geburt zurückversetzt.

Der Rundweg durch das **Felsenlabyrinth Luisenburg** führt an beeindruckenden Felsformationen vorbei zu einem Aussichtspunkt. Beim **Wunsiedler Brunnenfest,** das im Juni am Vorabend des Johannifestes stattfindet, schmücken die Einheimischen die 35 Brunnen ihrer Stadt mit Blumen und Kränzen. Dieser einmalige Brauch steht auf der Liste des immateriellen Kulturerbes der UNESCO.

Tourist Information ➡ C10
Jean-Paul-Str. 5
95632 Wunsiedel
✆ (092 32) 60 21 62
www.wunsiedel.de/Tourismus-Freizeit

Fichtelgebirgsmuseum ➡ C10
Spitalhof 3, Wunsiedel
✆ (092 32) 20 32
fichtelgebirgsmuseum.de
In neun Gebäuden rund um den mittelalterlichen Spitalhof im Ortszentrum werden Exponate zur Geschichte und Kultur der Region gezeigt.

Naturbühne und Felsenlabyrinth

LUISENBURG

Fichtelgebirge, Bayern

Das größte Felsenlabyrinth Europas wurde 1820 bereits von Goethe beschrieben, der sich zum Zwecke naturwissenschaftlicher Studien in der Region befand. Heute ist es nicht nur ein beliebtes Ausflugsziel, sondern auch Austragungsort der jährlichen Luisenburg-Festspiele in Deutschlands ältestem Freilichttheater.

Riesige Felsbrocken prägen das Bild dieses 300 Millionen Jahre alten Felsenmeeres aus Granitblöcken, das inmitten des Fichtelgebirges von Schluchten und Höhlen umgeben ist. Die einzigartige Landschaftskulisse können Besucher auf einem Rundweg erkunden, der durch schmale Felsenschluchten zu Rastplätzen mit atemberaubenden Aussichten führt. Der höchste Punkt befindet sich auf dem Bundesstein, auf dem auch das Labyrinth-Kreuz steht. Der Weg führt weiter durch das einmalige Felsengewirr und lässt einen sicher wieder hinausfinden.

Der Goethefelsen und die Klingergrotte sind nur zwei der bizarren Felsformationen, die über Millionen von Jahren durch Erosion und Verwitterung entstanden sind. Nicht umsonst wurde diese natürliche Attraktion mit dem Gütesiegel »Bayerns schönste Geotope« geehrt und in die Liste der 77 von Deutschland ausgezeichneten »Nationalen Geotope« aufgenommen.

Bekannt ist das Naturdenkmal jedoch nicht zuletzt wegen der Festspiele, die dort alljährlich auf einer von Felsen eingerahmten Naturbühne veranstaltet werden. Sie haben eine lange Tradition, denn bereits im späten 17. Jahrhundert wurden die Felsen von Schülern für Aufführungen genutzt. Dank der guten Akustik des Ortes wurde er bald auch beliebt für Sängerfeste und bereits 1804 schuf man das heutige Festspielgelände. 1914 gab es erstmals Darbietungen mit professionellen Schauspielern. Benannt ist die Anlage übrigens nach der preußischen Königin Luise, die 1805 mit ihrem Mann zu Besuch im Fichtelgebirge war und begeistert das Felsenlabyrinth erkundete.

INFO: Nahe der Stadt Wunsiedel im Zentrum des Fichtelgebirges gelegen. **INFO WUNSIEDEL:** Tourist Information, Jean-Paul-Str. 5, 95632 Wunsiedel, Tel. (092 32) 60 21 62, www.wunsiedel.de. **INFO LUISENBURG:** www.fichtelgebirge.bayern. **INFO FESTSPIELE:** www.luisenburg-aktuell.de.

Felsenmeer im Fichtelgebirge: das Luisenburg-Felsenlabyrinth

Jean Paul Geburtszimmer ➡ C10
Im Evangelischen Gemeindehaus
Jean-Paul-Platz 5
Wunsiedel
www.jean-paul-geburtszimmer.de
Im Rahmen des Besuchs des Fichtelgebirgsmuseums kann auch das Geburtszimmer besichtigt werden.

Ausflugsziel:

Porzellanikon Selb ➡ B10
Werner-Schürer-Platz 1, Selb
✆ (092 87) 91 80 00
www.porzellanikon.org
Im größten Porzellanmuseum Europas wird auf 8000 m^2 Ausstellungsfläche jeder Aspekt der Porzellanherstellung beleuchtet.

Die Stadtkirche St. Andreas dominiert die Altstadt von Selb

Heimat des »weißen Goldes«

Porzellanikon Selb

Selb, Bayern

Selb ist als Porzellanstadt weltweit bekannt und liegt sowohl an der Bayerischen als auch an der Europäischen Porzellanstraße. Ein furchtbarer Stadtbrand im März 1856, bei dem nahezu die gesamte alte Bausubstanz vernichtet wurde, bildete den Startpunkt für die Porzellanherstellung in Selb. Da damals auch fast alle Industriebetriebe in Flammen aufgegangen waren, hinterließ das Feuer die Menschen nicht nur obdach-, sondern auch arbeitslos. In dieser Situation konnten Unternehmer günstig Land aufkaufen und billige Arbeitskräfte anwerben. So zog Lorenz Hutschenreuther aus dem benachbarten Hohenberg an der Eger nach Selb und erbaute 1857 eine Porzellanfabrik.

Sein Vater Carolus Magnus Hutschenreuther hatte mit der – weiterhin bestehenden – Fabrik in Hohenberg die erste Porzellanfabrik der Region gegründet und verkörpert damit den Beginn der Porzellanindustrie in Nordostbayern.

Porzellan gab es natürlich auch schon vorher. Doch durch die industrielle Serienfertigung war das »weiße Gold« plötzlich auch für normale Bürger erschwinglich. Entsprechend florierte Hutschenreuthers Fabrik und in der Folge wurden weitere größere und kleinere Porzellanfabriken gegründet. 1900 zählte Selb 7200 Einwohner und 20 Porzellanfabriken mit zusammen 100 Rundöfen. Erst die Weltwirtschaftskrise Ende der 1920er Jahre stoppte den Boom. Viele Fabriken mussten schließen oder fusionieren. Bis heute sind die Marken Rosenthal und Hutschenreuther noch führend auf dem Porzellanmarkt.

Das Porzellanikon, das größte Porzellanmuseum Europas, hat zwei Standorte. In Hohenberg an der Eger zeigt es unter anderem in der ehemaligen Direktorenvilla 300 Jahre Kulturgeschichte des Porzellans. Die Ausstellung in Selb erstreckt sich über sechs Gebäude.

Die Besucher erfahren, wie Porzellan gegossen wird

In Haus 1 bis 3 erfährt der Besucher alles, was man über den Produktionsprozess von Porzellan wissen muss, in Haus 4 legt die Ausstellung ihr Hauptaugenmerk auf die Lebensbedingungen der Porzelliner, also der Menschen, die in den Fabriken arbeiteten. Außerdem ist hier noch genügend Platz für Sonderausstellungen. In Haus 5 befasst man sich mit dem Thema Porzellanmalerei und schließlich geht es zum Abschluss im Rosenthal Museum um die Produktgeschichte dieses Herstellers.

Info: Selb liegt im Fichtelgebirge direkt an der tschechischen Grenze. **Info Porzellanikon Selb:** Werner-Schürer-Platz 1, 95100 Selb, Tel. (092 87) 91 80 00, www.porzellanikon.org.

Blick vom Michaelsberg auf Bamberg

Daten zur Geschichte der Region

5000 v. Chr.	Bereits in der Steinzeit leben auf dem Gebiet des heutigen Franken Menschen.
ab 1000 v. Chr.	Keltische Stämme siedeln sich in dem Bereich an.
1 Jh. v. Chr.	Von Norden kommen germanische Stämme, von Süden die Römer. Der Limes verläuft auch durch die südlichsten Teile des heutigen Franken.
70–500 n. Chr.	Die Germanen drängen die Römer allmählich zurück, 212 stürmen sie den Limes.
Um 500	Vom Mittel- und Niederrhein kommend dringen Franken in das Gebiet ein, sie vertreiben die Thüringer und Alemannen.
Mitte 6. Jh.	Chlodwig I. gründet das Fränkische Reich, das von Frankreich bis ins heutige Franken reicht.
6. Jh.	Beginn der Christianisierung durch irische und britische Mönche.
7. Jh.	Slawen besiedeln die Gebiete des heutigen Oberfranken, das damals nahezu unbevölkert war. Im Laufe der Jahrhunderte

Ein rekonstruierter römischer Limes-Wachturm

gehen die »Mainslawen« in der fränkischen Mehrheitsbevölkerung auf.

689 Der irische Mönch Kilian, der heute als Apostel der Franken gilt, wird in Würzburg ermordet.

741 und 742 Die Bistümer Eichstätt und Würzburg werden gegründet.

768–814 Unter Karl dem Großen erreicht das Frankenreich seine größte Ausdehnung.

9. Jh. Das riesige Fränkische Reich wird geteilt. Das heutige Franken zählt zum Ostfränkischen Reich. Dieses wird durch Angriffe der Ungarn zunehmend geschwächt, die Zentralmacht zerfällt. Stammesherzöge übernehmen vorübergehend die Macht.

911 Konrad I. wird König der Ostfranken.

10. Jh. Als geografisches Zentrum des Deutschen Reichs wird Franken Sitz der Hof- und Reichstage.

1007 Kaiser Heinrich II. gründet das Bistum Bamberg. Der Bau des Doms, das größte Bauprojekt seiner Zeit, beginnt.

11. Jh. Die Städte werden immer bedeutender, Würzburg erhält 1030 das Stadtrecht, Nürnberg 1062 das Markt- und Zollrecht.

12. Jh. Die Bistümer werden mächtiger und fordern die weltliche Macht heraus.

1168 Der Würzburger Bischof erhält den Titel »Herzog von Ostfranken«.

1219 Friedrich II. erhebt Nürnberg zur Reichsstadt.

1356 In der Goldenen Bulle wird allen zukünftigen Königen zur Auflage gemacht, ihren ersten Reichstag in Nürnberg abzuhalten.

1423 Kaiser Sigismund ordnet an, dass die Reichskleinodien – Zepter, Reichsapfel und Krone – »auf ewige Zeit« in Nürnberg verwahrt werden.

1471 Albrecht Dürer, einer der bedeutendsten Künstler seiner Epoche, wird in Nürnberg geboren, 1528 stirbt er ebenda.

1492 Martin Behaim fertigt den ersten Globus der Welt, heute im Germanischen Nationalmuseum zu sehen.

1521 Die Reformation hält Einzug in Franken, die Lutherbibel wird in Nürnberg gedruckt.

Bamberger Dom St. Peter und St. Georg

Radierung von Wenzel Hollar nach einer gemalten Kopie von Dürers berühmtem »Selbstbildnis von 1498«

1525 Die Bauern lehnen sich in gewaltsamen Aufständen gegen Unterdrückung und Ausbeutung auf. Nach anfänglichen Erfolgen wird das Bauernheer im Juni 1525 bei Würzburg vernichtend geschlagen.

1540 In Nürnberg und Augsburg werden die ersten beiden deutschen Börsen eröffnet.

1582 Unter Fürstbischof Julius Echter wird in Würzburg die bereits 1402 unter Johann von Egloffstein ins Leben gerufene Universität wiedergegründet.

Ende 16. Jh./Anf. 17. Jh. Während der Gegenreformation wird Franken ein Zentrum der Hexenverfolgung. Erst der Einmarsch der Schweden im Zuge des Dreißigjährigen Krieges sorgt für ein Ende der Hexenverbrennungen.

1618–48 Während des Dreißigjährigen Krieges finden in Franken zwar keine großen Schlachten statt, doch Plünderungen der durchziehenden Söldnerhorden und die Pest fordern unzählige Opfer. Die Hälfte der Bevölkerung verliert ihr Leben.

1631–34 Würzburg und Bamberg werden vorübergehend schwedisch.

Der Stich zeigt die Belagerung Regensburgs im Jahr 1634

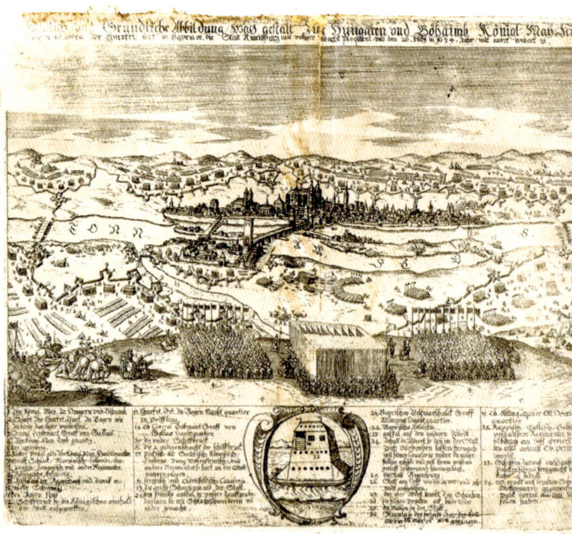

Würzburger Residenz

Mitte 17. Jh.	In der Folge des Krieges wird Franken zu einer der ärmsten Regionen im Reich und verliert seine reichspolitische Bedeutung. Um die entvölkerte Region neu zu besiedeln, finden Siedler aus protestantischen Gebieten dort eine neue Heimat. Während die Menschen auf dem Land hungern, prosperieren die Bistümer. Eine rege Bautätigkeit zeugt vom Reichtum.
Mitte 17. Jh.– 18. Jh.	In Franken bildet sich kein einheitlicher Flächenstaat, es besteht ein Flickenteppich aus vielen Klein- und Kleinststaaten.
1720	Baubeginn für die Würzburger Residenz nach Plänen von Balthasar Neumann. Sie zählt seit 1981 zum UNESCO Welterbe.
1743	Gründung der Friedrich-Alexander-Universität in Erlangen.
1792	Karl Alexander, der kinderlose Markgraf von Ansbach und Bayreuth, dankt zu Gunsten seiner preußischen Verwandtschaft ab, um seiner Geliebten, der Reiseschriftstellerin Elizabeth Craven, nach England folgen zu können.
1803–06	Franken wird auf Betreiben Napoleons dem mit ihm verbündeten Bayern zugeschlagen.

Das Ludwig-Eisenbahn-Denkmal wurde zum 50-jährigen Jubiläum der Ludwigseisenbahn in Nürnberg errichtet

	Um die Staatsfinanzen zu sanieren, lassen die neuen Herrscher viele Kunstschätze konfiszieren. Vor allem fränkische Klöster verlieren ihre Reichtümer.
1806 und 1810	Preußen muss seine 1792 erworbenen Besitztümer Ansbach und Bayreuth an Bayern abgeben.
7. Dez. 1835	Zwischen Nürnberg und Fürth fährt die erste Eisenbahn auf dem europäischen Kontinent.
1846	Hungersnöte führen zu einer Auswanderungswelle in die USA.
1848/49	Die Zwangsvereinigung mit Bayern wird in Franken größtenteils abgelehnt. Die fränkischen Aufständischen fordern während der Deutschen Revolution nicht nur demokratische Rechte ein, sondern auch die Auflösung der Verbindung zu Bayern.
Um 1900	Die Industrialisierung macht Franken zu einem wichtigen Wirtschaftsstandort. Die Städte wachsen schnell.
April 1919	Als in München eine sozialistische Räterepublik ausgerufen wird, flüchtet die bayerische Regierung kurzzeitig nach Bamberg.
Juli 1920	Der Freistaat Coburg tritt als Folge einer Volksbefragung dem Freistaat Bayern bei und kommt damit auch zu Franken.
Oktober 1920	Gründung des Frankenbunds in Würzburg als Vereinigung für fränkische Landeskunde, Geschichte und Kultur.

Revolution in Bayern im Jahr 1919

Acht der Angeklagten in den Nürnberger Prozessen, ca. 1945/46

Ab 1920	In Franken sind die Nationalsozialisten besonders erfolgreich. Man spricht vom »braunen Franken«.
1933/34	Im mittelfränkischen Gunzenhausen wird im April 1933 das erste Hitler-Denkmal im Deutschen Reich errichtet, 1934 kommt es dort zum ersten Juden-Pogrom in Bayern.
1933–38	Die Nazis bestimmen Nürnberg zur Stadt der Reichsparteitage.
1935	Die Nürnberger Gesetze ebnen den Weg zur Judenvernichtung.
1940–45	Nürnberg wird durch Luftangriffe der Alliierten zu mehr als 90 Prozent zerstört.
8. Mai 1945	Franken wird wie der Rest Bayerns Teil der amerikanischen Besatzungszone.
1945–49	In den Nürnberger Prozessen wird über die Hauptkriegsverbrecher des Nazi-Regimes zu Gericht gesessen.
1946	Die Bayerische Verfassung tritt in Kraft. Der Freistaat Bayern, zu dem auch die Regierungsbezirke Unter-, Mittel- und Oberfranken gehören, wird gegründet. Die historischen Beziehungen nach Thüringen werden im Zuge der deutschen Teilung gekappt.

Deutsch-Deutsches Museum Mödlareuth

1949 Franken wird zum Zonenrandgebiet. Das Dorf Mödlareuth, das durch die innerdeutsche Grenze geteilt wird, erlangt als Klein-Berlin bundesweite Bekanntheit.

Ab 1950 In der Nachkriegszeit ist Franken der Wirtschaftsmotor Bayerns.

1972 Die Nürnberger U-Bahn nimmt ihren Betrieb auf.

1989 Durch den Mauerfall gewinnt Franken seine zentrale Lage in Deutschland zurück.

1992 Eröffnung des Main-Donau-Kanals.

1993 Bamberg wird auf die UNESCO-Liste des Weltkulturerbes gesetzt.

2006 Der Bayerische Landtag beschließt die Einführung des »Tages der Franken«. Jedes Jahr am 2. Juli (bzw. dem darauffolgenden Wochenende) soll die Kultur und Geschichte Frankens besonders gewürdigt werden.

2023 In Nürnberg feiert die Technische Hochschule ihren 200. Geburtstag, nachdem bereits im Vorjahr an 400 Jahre Universität erinnert wurde.

Outdoorparadies vor den Toren der Stadt

WANDERN IM NÜRNBERGER LAND

Nürnberger Land, Bayern

Nürnberger Land, so heißt der Landkreis vor den Toren Nürnbergs – die fränkische Hauptstadt liegt nur eine kurze Fahrt mit der Regional- oder S-Bahn entfernt. Hinauf zu einer Burg, hinein in eine Höhle, am Fluss entlang oder sogar über Dünen: Im Nürnberger Land kann man auf mehr als 2000 Kilometern gut markierter Wege die Region erforschen. Ob Kurzwanderung, Rundtour oder Streckenwanderung, hier ist für jeden etwas dabei.

Eine beliebte Tour führt vom S-Bahnhof Hartmannshof, wo im alten Stationsgebäude das sehenswerte Vorgeschichtsmuseum Urzeitbahnhof zu besichtigen ist, hinauf zur Burgruine Lichtenegg und über den Hohlen Fels und Happurger See zum S-Bahnhof Happurg. Praktisch: Da der Ausflug an einem Bahnhof beginnt und an einem anderen endet, braucht man kein Auto zur Anreise. Die Tour steht exemplarisch für viele andere in der Region, kombiniert sie doch landschaftliche Highlights, kulturelle Sehenswürdigkeiten und kulinarische Schmankerl. Oben auf der Burgruine Lichtenegg schauen die Wanderer weit übers Land, unten an ihrem Fuß erfrischen sie sich in einem Biergarten. Vom Hohlen Fels, einer Naturbrücke mit zwei Durchbrüchen, blickt man spektakulär hinab zum Happurger Stausee. Für viele der schönste Blick im Frankenland.

Der Fränkische Dünenwanderweg führt als Rundkurs auf 85 Kilometern durch das Nürnberger Land. Dünen erwartet man in Franken eigentlich nicht. In diesem Fall sind sie ein Überbleibsel der letzten Eiszeit vor mehr als 10 000 Jahren, als es etwa 10 Grad kälter war als heute. In der damals baumlosen Tundra, rasten die Winde übers Land und türmten den Sand zu enormen Dünen auf. Heute sind die Dünen größtenteils bewachsen, jedoch zum Teil immer noch Heimat einer ganz besonderen Flora.

INFO: Das Nürnberger Land schließt sich östlich an den Ballungsraum Nürnberg-Fürth-Erlangen an und liegt im Regierungsbezirk Mittelfranken. **INFO NÜRNBERGER LAND:** Nürnberger Land Tourismus, Postanschrift: Landkreis Nürnberger Land, Waldluststr. 1, 91207 Lauf a.d.Pegnitz, Tel. (091 23) 950 60 62, www.urlaub.nuernberger-land.de.

Das Nürnberger Land ist ein beliebtes Wandergebiet

Der Große Brombachsee im Fränkischen Seenland

Franken in Zahlen und Fakten

Zu Franken gehören die bayerischen Bezirke Oberfranken, Unterfranken und Mittelfranken, aber auch der nordöstliche Bereich der Region Heilbronn-Franken, Tauberfranken und Hohenlohe-Franken in Baden-Württemberg sowie eine kleinere Region in Südthüringen. Eine offiziell festgelegte räumliche Eingrenzung Frankens gibt es nicht. Dieses Buch beschäftigt sich im Wesentlichen mit den bayerischen Bezirken. Alle statistischen Angaben beziehen sich auf dieses Gebiet.
Größe: 23 006 km^2
Einwohner: 4,16 Mio.
Hauptstadt: Nürnberg (515 000 Einwohner)
Regierungsbezirke: Oberfranken (Hauptstadt: Bayreuth, 75 000 Einwohner), Mittelfranken (Hauptstadt: Ansbach, 41 000 Einwohner) und Unterfranken (Hauptstadt: Würzburg, 126 900 Einwohner)
Höchster Berg: Schneeberg im Fichtelgebirge (1051 m)
Wichtigste Flüsse: Main (Gesamtlänge: 527 km) und Regnitz (59 km)
Größter See: In Franken gibt es nur wenige und sehr kleine natürliche Seen. Der größte See ist daher auch ein Stausee: der Große Brombachsee mit einer Fläche von 8,7 km^2.
Tag der Franken: 2. Juli
Flagge: Die Frankenfahne besteht aus zwei gleich großen Streifen in den Farben Rot und Weiß und dem mittig auf der Flagge angeordneten fränkischen Rechen.
Wirtschaft: Franken ist eine wichtige Industrieregion, speziell im Großraum Nürnberg sind namhafte Großunternehmen ansässig. Darunter der Bürogerätehersteller Triumph-Adler und die Sportartikelgiganten Adidas und Puma. Zu den wichtigsten Arbeitgebern zählen Siemens und Bosch, BMW betreibt Niederlassungen in Fürth und Nürnberg. Zudem ist die Frankenmetropole der größte Druckereistandort Deutschlands. Schweinfurt gilt als Welthauptstadt der Kugellagerproduktion. Der größte Wälzlager-Konzern der Welt, SKF, und der zweitgrößte, Schaeffler, sowie der weltweit drittgrößte Automobilzulieferer ZF Friedrichshafen haben ihr jeweils größtes Werk in der Stadt am Main. Brose, ein weiterer wichtiger Autozulieferer, arbeitet vom Standort Coburg aus.

Anreise

Mit dem Auto/Wohnmobil

Franken liegt im geografischen Zentrum Deutschlands und ist daher, zumindest was die großen Städte betrifft, leicht zu erreichen. Die Autobahnen A3, A6 und A9 führen nach Nürnberg. Würzburg ist über die A3 und die A7 erreichbar und Bayreuth über die A9.

Für Wohnmobilreisende stehen 280 ausgewiesene Wohnmobilstellplätze zur Verfügung: www.frankentourismus.de/wohnmobil-touren/wohnmobilstellplaetze.

Mit der Bahn

Mit der Bahn (www.bahn.de) kommt man bequem nach Nürnberg und auch in alle anderen Großstädte. Die Orte an der Peripherie sind dagegen schon etwas schwieriger zu erreichen. Die Zugreise von Berlin ins Fichtelgebirge dauert beispielsweise 5 bis 6 Stunden und erfordert zwei bis drei Umstiege. Nach Nürnberg ist man dagegen ohne Umstieg nur drei Stunden unterwegs. Allenfalls eine halbe Stunde länger dauert die Fahrt von Köln nach Nürnberg, nach Selb im Fichtelge-

Campingplatz in Miltenberg

birge sitzen die Reisenden dagegen fast sieben Stunden im Zug.

Fast alle Züge im **Regionalverkehr** in Bayern haben Fahrradwagen (von außen mit einem Fahrradsymbol markiert). Eine Mitnahmegarantie besteht allerdings nicht. Mit einer **Fahrrad-Tageskarte Bayern** kann man sein Rad einen Tag lang (bis 3 Uhr des Folgetages) in ganz Bayern mitnehmen, und zwar auch in allen Zügen des Nahverkehrs, also auch im Verkehrsverbund Großraum Nürnberg (VGN). Tipp: Haben sich die Eltern oder Großeltern eine gültige Fahrrad-Tageskarte gekauft, können beliebig viele eigene Kinder oder Enkelkinder unter 15 Jahren kostenlos ihr Fahrrad mitnehmen. Weitere Infos unter: bahnland-bayern.de/de/service/fahrradmitnahme.

Mit dem Bus

Mit Flixbus (www.flixbus.de) sind u. a. Verbindungen nach Bamberg, Bayreuth, Coburg, Erlangen, Fürth, Hof, Nürnberg, Schweinfurt, Selb, Weiden und Würzburg möglich.

Im Altmühltal

Hier wohnten und arbeiteten die Gerber: die Weißgerbergasse in der Nürnberger Altstadt

Mit dem Flugzeug
Vom Flughafen Nürnberg (www.airport-nuernberg.de) fliegen Lufthansa bzw. Eurowings nach Frankfurt, Düsseldorf und Hamburg. Außerdem bestehen Verbindungen mit Swiss nach Zürich und mit Austrian nach Wien.

Auskunft

Frankentourismus
✆ (09 11) 94 15 10, www.frankentourismus.de
Broschüren bestellt man online unter: www.frankentourismus.de/prospekte.

Automiete

In allen größeren Städten sind die führenden Leihwagenfirmen vertreten. Günstigste Angebote finden Kunden über das Portal billiger-mietwagen.de, ✆ (0221) 56 79 99 11. Der Anbieter vergleicht Mietwagenpreise und Service der Firmen und ermöglicht Direktbuchungen auf seiner Seite. Außerdem bietet er selbst Sonderkonditionen an.

In Miltenbergs Fußgängerzone lässt es sich gut shoppen

Einkaufen

In Franken isst und trinkt man gern und gut. Deshalb kommen die beliebtesten Mitbringsel von einer Frankenreise auch aus diesem Bereich. Frankenwein im Bocksbeutel, Bier aus Kulmbach, Bayreuth, Bamberg oder einer der vielen kleinen Regionalbrauereien sind perfekte Souvenirs. Wer dazu dann fränkische Bratwürste mit dem entsprechenden Senf auf den heimischen Esstisch bringt, der kann etwas Frankengefühl aus dem Urlaub auch zu Hause erleben.

Viele andere Mitbringsel haben zumindest indirekt mit Genuss zu tun. In einem traditionellen *Seidla* aus Ton, einem Bierkrug also, schmeckt der Gerstensaft noch besser. Und um den Tisch zu schonen, legt man unters *Seidla* am besten ein *Bierfilzla* – natürlich mit dem entsprechendem Logo einer fränkischen Brauerei. Beides kann man in Souvenirshops vor Ort kaufen, wer das verpasst hat, wird aber auch in einem der vielen Frankenshops im Internet fündig.

Das berühmte rauchige Schlenkerla Bier kommt aus Bamberg

Ermäßigungen

Steht für Franken: Wein aus dem Bocksbeutel

Eine einheitliche Erlebniskarte für ganz Franken gibt es nicht. Dafür bieten verschiedene Regionen eigene Karten mit Vergünstigungen bei Eintrittsgeldern oder Benutzungsgebühren, etwa in der Fränkischen Schweiz. In Metropolen wie Nürnberg/Fürth, Bamberg, Bayreuth oder auch Würzburg existieren ebenfalls solche Angebote.

Essen und Trinken

Über 50 Restaurants in Franken sind mit einer Haube des Gault-Millau oder einem Michelin-Stern ausgezeichnet. In der regionalen Küche geht es allerdings eher bodenständig zu. Die **Bratwurst** ist die unbestrittene Königin der fränkischen Küche. Fast jede Region hat ihr eigenes Rezept. Am bekanntesten sind die kurzen Nürnberger Bratwürste, die traditionell in Portionen von je drei Stück gegessen werden. Wer *Drei im Weggla* bestellt, ordert also drei Bratwürste im Brötchen. Beliebt ist auch der *saure* oder *blaue Zipfel*. Dann werden die Bratwürste in einem Essigsud gegart, der aus Wasser, Essig, Zwiebelringen, geschnittenen Karotten, einem Lorbeerblatt und Wacholderbeeren besteht. Wenn nicht in Wurstform, dann kommt Schwein als

Im Handwerkerhof Nürnberg werden fränkische Spezialitäten und Kunsthandwerk angeboten

Braten oder als Schäufele auf den Tisch – die knusprig gebackene Schweineschulter hat den Namen wegen des schaufelförmigen Schulterblatts.

Neben den **Nürnberger Lebkuchen**, die es nur in der Weihnachtszeit gibt, sind vor allem *Küchla* beliebt – ein süßes, in Fett gebratenes Hefeteiggebäck. Die Spezialität in Rothenburg sind die *Schneebälle*. Der ausgerollte Teig wird in Streifen geschnitten und anschließend zu einer lockeren Kugel geformt, die in heißem Fett ausgebacken wird. Schlicht mit Puderzucker oder auch mit Kuvertüre wird er in vielen Konditoreien vor Ort verkauft.

Die bei den empfohlenen Restaurants angegebenen Preiskategorien beziehen sich jeweils auf ein Hautgericht:

€ – untere Preislage (bis 15 Euro)
€€ – mittlere Preislage (15 bis 22 Euro)
€€€ – obere Preislage (über 22 Euro)

Feiertage, Feste

Gesetzliche Feiertage sind: 1. Januar (Neujahr), 6. Januar (Heilige Drei Könige), Karfreitag, Ostermontag, 1. Mai (Tag der Arbeit), Christi Himmelfahrt, Pfingstmontag, Fronleichnam, 3. Oktober (Tag der Deutschen Einheit), 1. November (Allerheiligen), 25./26. Dezember (Weihnachten). In vorwiegend katholischen Gemein-

Nürnberger Lebkuchen: ein echtes Original

Nürnberger Würstchen gehören für viele zum Pflichtprogramm bei einem Besuch in Franken

den kommt der 15. August (Maria Himmelfahrt) hinzu, in anderen Gemeinden wie etwa in Nürnberg oder Fürth wird an diesem Tag gearbeitet.

Die **Kerwa** – wie man in Franken zum Kirchweihfest sagt – ist für jedes Dorf und jede Stadt der Höhepunkt des Jahres. Meist beginnt das Fest an einem Donnerstag oder Freitag, wenn »ausgegraben« wird. Im Beisein des örtlichen Pfarrers wird dann eine Flasche aus der Erde geholt, die im Vorjahr am letzten Tag der Kerwa eingegraben wurde. Sonntags steht in manchen Orten noch ein Festumzug auf dem Programm. Vielerorts verzichtet man inzwischen aber auf diesen Teil der Tradition und nutzt die so gewonnene Zeit lieber für einen Besuch im Festzelt. In Orten, wo die Tradition noch hochgehalten wird, spielt auch der Kirchweihbaum eine große Rolle. Die Kerwabuam, die Kirchweihbuben, die jungen unverheirateten Männer im Dorf, stellen

Auf der Regnitz in Bamberg findet im August das Fischerstechen statt

ihn am Kirchweihsamstag auf. Der Baum ist dann das Ziel räuberischer Angriffe der Kerwabuam aus dem Nachbarort: Wird der Baum gestohlen, muss er mit viel Alkohol freigekauft werden.

Auch **Bamberg** feiert Kirchweih. Bei der **Sandkerwa** im August verwandelt sich die Sandstraße in eine Schankstraße. Hier reiht sich dann eine Theke an die andere. Mehr als 300 000 Besucher drängen sich während der fünf Festtage durch die enge Straße. Höhepunkt der Sandkerwa ist das **Fischerstechen auf der Regnitz**: Unter dem tosenden Jubel von Tausenden von Zuschauern rudern zwei Boote aufeinander zu. Vorne am Bug steht ein Fischer, mit einer Lanze bewaffnet. Seine Aufgabe besteht darin, sein Gegenüber aus dem Gleichgewicht zu bringen und ins Wasser zu stoßen.

Alte Traditionen wie diese sind den meisten Besuchern der **Erlanger Bergkirchweih** vermutlich egal. Wenn an Pfingsten zwölf Tage lange »die Berch« gefeiert wird, herrscht in Erlangen und Umgebung Ausnahmezustand. Das Festgelände am Fuße des Burgbergs – daher der Name – ist fast einen Kilometer lang. Da ist ausreichend Platz für die vielen Schänken, die knapp eine Million Besucher mit Bier und anderen Getränken versorgen.

Und wenn mal keine Kirchweih zu feiern ist? Kein Problem. Dann gehen die feierfreudigen Franken eben auf ein Schützenfest, ein Altstadtfest oder ein Frühlingsfest.

Der Berg ruft

ERLANGER BERGKIRCHWEIH

Erlangen, Bayern

Erlangen ist eine ruhige Stadt mitten in Bayern mit einer bedeutenden Universität und bekannt vor allem als ein Sitz der Siemens-Gruppe. Ein Mal im Jahr jedoch wird das muntere, aber doch eher beschauliche Leben in Erlangen auf den Kopf gestellt. Dann, wenn der Berg ruft! Die Bergkirchweih, von Einheimischen schlicht »Berg« (fränkisch, sprich »Berch«) genannt, findet bereits seit dem Jahr 1755 in der Pfingstzeit statt und lockt Jahr für Jahr rund eine Million Besucher aus ganz Deutschland ins mittelfränkische Erlangen.

Die Bergkirchweih ist nicht nur eines der ältesten Volksfeste Deutschlands, sondern – zumindest für die Einheimischen – auch das schönste, und gilt in der Region mittlerweile als die fünfte Jahreszeit. Freunde des Volksfestes und geselligen Biertrinkens in launiger Atmosphäre kommen bei der jährlichen Bergkirchweih voll auf ihre Kosten – hier wird gesungen, getrunken, gegessen, getanzt und gelacht!

Jeweils am Donnerstag vor Pfingsten beginnt das von den Erlangern stets mit großer Vorfreude erwartete Spektakel um 17 Uhr mit dem Anstich durch den Oberbürgermeister und endet zwölf Tage darauf abends mit dem Fassbegräbnis in dem Bierkeller, in dem dann im folgenden Jahr der Anstich stattfindet.

Besonders die Erlanger Studenten strömen seit je in Scharen zum »Berg«. So gab es bis 1998 an der Erlanger Universität während der Bergkirchweih sogar einwöchige Ferien (»Bergferien«). Neben zahlreichen Bierkellern mit Ausschank und Bierbänken unter alten Kastanien, Linden und Eichen locken die für ein anständiges Volksfest obligatorischen Schieß- und Losbuden, Karussells und Fahrgeschäfte und natürlich das Riesenrad.

Auf rund einem Kilometer Länge zieht sich das Festgelände am Hang des Erlanger Burgbergs entlang und wird so mit rund 11 000 fest installierten Sitzplätzen im Schatten der alten Bäume einmal im Jahr zum größten Biergarten Europas.

INFO: Erlangen liegt ca. 20 km nördlich von Nürnberg. **INFO ERLANGER BERGKIRCHWEIH:** erlanger-bergkirchweih.de, 12 Tage um Pfingsten. **REISEZEIT:** Während der Pfingstfeiertage.

Auf der Erlanger Bergkirchweih

Nicht nur beim Frühlingsfest genießen die Besucher den schönen Ausblick vom Walberla

Das älteste **Frühlingsfest** Deutschlands findet jedes Jahr am ersten Maiwochenende auf dem **Walberla** bei Kirchehrenbach statt. Allerdings ohne Riesenrad und Autoscooter, sondern in einer Atmosphäre, welche die lange Tradition des Festes zumindest noch erahnen lässt. Die Feier auf dem Gipfelplateau des gut 500 Meter hohen Berges geht in ihren Ursprüngen bis in die vorchristliche Zeit zurück. Damals wurde jedoch dem Germanengott Odin geopfert, heute ist die heilige Walburga – die Walberla eben – die Schutzpatronin des Festes. Der Ehrenbrüg, so der offizielle Name des Walberla-Berges, ist der Berg der Hexen. Hier tanzen sie die ganze Nacht und feiern ihre dämonischen Feste. Besonders in der **Walpurgisnacht**, der Nacht vor dem 1. Mai, treiben sie angeblich ihr Unwesen. Spätestens am nächsten Morgen ist der ganze Spuk aber vergessen – der Feier des Walberla-Fests steht dann nichts mehr im Wege.

Weit über die Stadtgrenzen hinaus bekannt ist auch das **Forchheimer Annafest.** Es findet um den 26. Juli herum statt, dem Namenstag der heiligen Anna. Angefangen hat alles damit, dass in früheren Jahren die Pilger auf dem Weg zum Annakirchlein in Unterweilersbach in den Forchheimer Bierkellern einkehrten. Die Bierlokale im Kellerwald schenken zwar den ganzen Sommer über aus, doch während des Annafestes wachsen die mehr als 20 Lokale zu einer einzigen großen Festmeile zusammen.

Wer jetzt schon denkt, die Franken seien Feierbiester, dem sei gesagt, dass die größten Feste in der Region hier bisher noch gar nicht erwähnt wurden. Seit 1826 feiert man das **Nürnberger Volksfest**, und das gleich zweimal im Jahr – einmal im Frühjahr und einmal im Herbst. Zweieinhalb Millionen Besucher in Feierlaune sind dann unterwegs. Halb so viele Menschen amüsieren sich auf der **Michaliskirchweih in Fürth.**

Zu den ältesten Festen zählt das **Würzburger Kiliani-Volksfest,** das rund 800 000 Besucher anlockt. Es beruht auf einer Verkaufsmesse, die seit 1030 parallel zur Kiliani-Oktav zur Verehrung des Heiligen Kilian stattfindet. Eines der größten Volksfeste Frankens ist das **Schweinfurter Volksfest**, das traditionell nach Fronleichnam beginnt. All das ist natürlich gar nichts gegen den **Nürnberger Christkindlesmarkt**, der nicht nur der größte und älteste Weihnachtmarkt Deutschlands ist, sondern auch der bekannteste weltweit.

Mit dem **Reichstadtfest** findet in **Rothenburg ob der Tauber** jedes Jahr ein großes Mittelalterspektakel statt. Dabei wird auch an den »Meistertrunk«, die Ereignisse aus dem Dreißigjährigen Krieg, erinnert. Auf die Be-

Weihnachtsmarkt in Rothenburg ob der Tauber

Weltberühmt: der Nürnberger Christkindlesmarkt

lagerung durch die Schweden in dieser Zeit geht auch die **Kinderzeche in Dinkelsbühl** zurück, an der mehr als 1000 Aktive beteiligt sind.

Die Termine: Nürnberger Volksfest: April und Ende August bis Mitte September, www.volksfest-nuernberg.de. **Walberla-Fest bei Kirchehrenbach**: erstes Wochenende im Mai, www.walberla.de. **Erlanger Bergkirchweih**: Donnerstag vor Pfingsten bis zum Montag in der Woche nach Pfingsten, www.erlangen.info/bergkirchweih_erlangen. **Volksfest Schweinfurt**: Beginn am Tag nach Fronleichnam, www.schweinfurt.de. **Würzburger Kiliani-Volksfest**: Juli, www.wuerzburg.de. **Kinderzeche Dinkelsbühl**: Juli, www.kinderzeche.de. **Forchheimer Annafest**: Wochenende vor und nach dem 26. Juli, www.alladooch-annafest.de. **Sandkerwa in Bamberg**: drittes Wochenende im August, www.sandkerwa.de. **Reichsstadtfest Rothenburg ob der Tauber**: September, www.rothenburg-tourismus.de. **Michaliskirchweih in Fürth**: üblicherweise beginnt die Kirchweih am Namenstag des Erzengels Michael am 29. September bzw. am darauffolgenden Samstag und dauert zwölf Tage, www.michaelis-kirchweih.de. **Nürnberger Christkindlesmarkt**: Ende November bis 24. Dezember, www.christkindlesmarkt.de.

Märchenhafter Lichtzauber

Lichterfeste

Fränkische Schweiz, Bayern

Jedes Jahr von Anfang Dezember bis zum Dreikönigstag am 6. Januar glitzern acht Gemeinden der Fränkischen Schweiz in magischem Lichterzauber. Nach Einbruch der Dunkelheit werden alle Straßenlaternen gelöscht, feierliche Prozessionen ziehen durch die Orte, Glocken läuten und eine Blaskapelle stimmt uralte Melodien an, zu denen die Einheimischen Lieder singen. Auf den umliegenden Hügeln, Felshängen und Burgen erhellen Fackeln, bengalische Feuer und brennende Holzscheite den nächtlichen Himmel. In den Straßen schimmern Tausende von Kerzen. Es ist eine zauberhafte Stimmung! Die »Feuerles-Schürer«, Feueranzünder, werden schon lange im Vorhinein ausgewählt.

Die Lichterfeste bilden den Beschluss der Ewigen Anbetung, die auf dem »vierzigstündigen Gebet« beruht, das von Papst Clemens VIII. (1536–1605) im Jahr 1592 eingeführt wurde und an die vierzigstündige Grabruhe von Jesus Christus erinnern sollte. Der Bamberger Fürstbischof, Adam Friedrich von Seinsheim (1708–1779, Bischof 1757–1779) verfügte 1759, dass die Ewige Anbetung in verschiedenen Gemeinden abzuhalten sei. Er versprach sich davon eine Stärkung des religiösen Lebens.

Dieser Brauch wird heute nur noch in der Fränkischen Schweiz gepflegt. Er ist dort fester Bestandteil der katholischen Kirche und des kulturellen Lebens. In den acht Orten Oberailsfeld, Pottenstein, Volsbach, Größweinstein, Nankendorf, Obertrubach, Wichsenstein und Ebermannstadt finden die traditionellen Lichterfeste seit 1905 statt. Nach einigen Betstunden in der Kirche zieht die Prozession durch den Ort. Das Spektakel in der felsen- und burgenreichen Region ist mittlerweile ein Besuchermagnet.

Info: Die Fränkische Schweiz liegt im Städtedreieck Bayreuth, Bamberg und Nürnberg. **Info Fränkische Schweiz:** Tourismuszentrale Fränkische Schweiz, Oberes Tor 1, 91320 Ebermannstadt, Tel. (091 91) 86 10 54, www.fraenkische-schweiz.com. **Reisezeit:** Anfang Dez.–6. Jan.

Magisch: die Lichterfeste in der Fränkischen Schweiz, hier in Pottenstein

Hinweise für Menschen mit Handicap

Die Barrierefreiheit ist aufgrund der mittelalterlichen Stadtzentren sowie der vielen Fachwerkhäuser, die als Museen dienen, nicht überall gegeben. Auskünfte erteilen die Tourist Informationen vor Ort. Unter erlebe.bayern/urlaub-fuer-alle sind barrierefrei zugängliche Urlaubs-, Freizeit- und Übernachtungsadressen aufgeführt.

Für Rollstuhlfahrer wurden in der Fränkischen Schweiz und im Naturpark Frankenhöhe spezielle Wanderwege eingerichtet. Der MainRadweg (www.mainradweg.com) ist mit Rollstuhl und Handbike gut befahrbar. Vielfältige Informationen zu barrierefreien Freizeitaktivitäten im Fränkischen Seenland findet man unter www.seenland-barrierefrei.de.

Internet

Unter www.frankentipps.de gibt es Veranstaltungshinweise, unter www.frankenmitkindern.de Tipps für Spaß und Abwechslung. Franken ist ein Wein- und Bierland. Wer sich im Vorfeld der Reise informieren will, erfährt vieles unter www.fraenkisches-weinland.de, www.fraenkischer-weinfestkalender.de oder www.bierundburgenstrasse.de.

Infos über die Regionen bieten folgende Websites:
www.romantisches-franken.de
www.fraenkische-schweiz.com
www.rhoen.info
www.naturpark-altmuehltal.de
www.frankenwald-tourismus.de
www.nuernberger-land.de
www.spessart-tourismus.de
www.fichtelgebirge.bayern
www.fraenkisches-seenland.de

Klima, Reisezeit

Franken kann man zu jeder Jahreszeit erkunden, auch die Hotels und Restaurants sind das ganze Jahr über auf Gäste eingestellt.

Mit den bewaldeten Mittelgebirgen, dem Maintal und der flachen Gaulandschaft herrscht ein angenehmes

Das mittelalterliche Rothenburg ob der Tauber liegt an der berühmten Romantischen Straße

Kontinentalklima. In den Flusstälern, am Main und seinen Zuläufen, ist es überwiegend mild. Auf den Höhenzügen, etwa dem Fichtelgebirge oder auch der Hochrhön, kann das Klima dagegen etwas rauer und windiger sein.

Mit Kindern in Franken

Franken ist für Kinder eine sehr abwechslungsreiche Region. Von sportlichen Aktivitäten bis zum Eintauchen in die Geschichte gibt es viel zu erleben. Die meisten Städte und Museen haben sich auf die kleinen Gäste eingestellt und bieten kindgerechte Unternehmungen und Führungen an.

Wer die Herausforderung sucht, geht Klettern oder in den Hochseilgarten. Gemütlicher sind da schon eine Kanufahrt, eine Radtour oder ein Tag in einem der Freizeit- und Spaßbäder. Tierparks und Wildgehege machen mit der Tier- und Pflanzenwelt bekannt. In den Höhlen haben kleine Entdecker genauso ihren Spaß wie beim Sommerrodeln oder einer Schiffstour. Franken ist auch ein Land der Burgen und Schlösser, die erkundet werden dürfen. Geschichte erleben können die kleinen Besucher bei den Mittelalterfesten oder am **Rätischen Limes**, wenn sie in die Rollen der Römer schlüpfen dürfen. Und noch weiter in die Vergangenheit geht der Blick im **Naturpark Altmühltal** (www.naturpark-altmuehltal.de),

Jeden Tag finden im Erlebnispark Schloss Thurn die Ritterspiele statt

wo das Ausgraben von Fossilien für jede Menge Spaß sorgt.

Wer Action mag, besucht die Freizeitparks: das **Freizeitland Geiselwind** (freizeit-land.de), den **Erlebnispark Schloss Thurn** (www.schloss-thurn.de) bei Nürnberg oder den **Freizeitpark Schönwald** bei Selb. Austoben kann sich der Nachwuchs auch im **Playmobil FunPark** (www.playmobil-funpark.de) bei Zirndorf, ausgestattet mit verschiedenen Abenteuerlandschaften nach dem Vorbild der kleinen Plastikfiguren.

Nachtleben

Nachtschwärmer finden in den großen Städten Bars und Clubs zum Ausgehen, Amüsieren und Abfeiern bis in die Morgenstunden. Auch wenn wegen der Corona-Pandemie einige Locations schließen mussten, ist die Auswahl noch groß. Aktuelle Hinweise geben die örtlichen Tourist Informationen.

Notfälle, wichtige Rufnummern

Notrufnummer der Polizei ✆ 110
Notrufnummer Rettungsdienst und Feuerwehr ✆ 112
Zentraler Sperr-Notruf ✆ 116 116
Pannenhilfe ADAC ✆ 01802-22 22 22

Presse

Die Zeitungslandschaft in Franken ist noch sehr vielfältig. Die größten Verlagshäuser sind der Nürnberger Pressevertrieb mit Nürnberger Nachrichten/Nürnberger Zeitung, die Mainpost in Würzburg, das Mainecho in Aschaffenburg, der Nordbayerische Kurier in Bayreuth und der Fränkische Tag in Bamberg.

Sport und Erholung

Klettern

Kletterer und Freeclimber zieht es an die hohen Felsen der Fränkischen Schweiz. Im Frankenjura, der Frankenalb, oder auch dem Fichtelgebirge kommen Bergsportler auf ihre Kosten.

Radfahren

Das Radwegenetz in Franken ist gut ausgebaut. Ob sportlich Aktive oder Genussradler: Jeder kann in Franken auf seine Kosten kommen. Der **MainRadweg** (www.mainradweg.de) bietet für alle das passende Angebot. Rund 600 Kilometer lang, zieht sich die Strecke im Norden Frankens von der Fränkischen Schweiz über Fichtelgebirge, Frankenwald, Obermain, Steigerwald, Haßberge bis ins Fränkische Weinland, das Liebliche Taubertal und das Spessart-Mainland hinunter zum Hessischen Untermain. Von Main und Tauber bei Wertheim an die Donau bei Kehlheim geht es über 300 Kilometer auf dem **Tauber-Altmühl-Radweg** (www-tauber-altmuehl-radweg.de). Die Strecke führt teilweise entlang des

Die mächtige Ritterburg im PLAYMOBIL®-FunPark begeistert nicht nur Mittelalter-Fans

An der Tauber entlang führt der Tauber-Altmühl-Radweg

Main-Donau-Kanals. Dem Lauf der Tauber von Rothenburg bis zur Mündung in den Main bei Wertheim folgt man auf dem Radweg **Liebliches Taubertal – Der Klassiker** (www.liebliches-taubertal.de), der – ohne die abwechslungsreichen Schleifen in die Umgebung – gut in drei Etappen zu bewältigen ist.

Mittlerweile kann man auch vielerorts Fahrräder und E-Bikes ausleihen, Ladestationen zum Aufladen der Akkus sind in vielen Städten und Gemeinden zentral eingerichtet.

Wandern

Durch eine ursprüngliche Natur mit idyllischen Wegen, durch die Wälder der Mittelgebirgslandschaft und entlang der Flusstäler führen gut ausgeschilderte Strecken, die zu den schönsten in Deutschland gehören. Insgesamt rund 40 000 Kilometer umfasst das Netz – darunter auch viele zertifizierte Wanderwege. Zudem liegen zwei »Qualitätsregionen Wanderbares Deutschland« in Franken: zum einem der **Frankenwald** (www.frankenwald-tourismus.de), zum anderen das **Räuberland im Spessart-Maintal** (www.spessartraeuberland.de).

Durch Franken führen einige Weitwanderwege. Der **Frankenweg** (www.frankenweg.de) startet am Rennsteig und erreicht nach rund 520 Kilometern die Schwäbische Alb. Höher hinaus geht es mit dem **Fränkischen Gebirgsweg**. Bizarre Felsen, sagenumwobene Gipfel und romantische Wälder werden auf der 428 Kilometer langen Strecke durchstreift. Nach dem Start im Frankenwald geht es über Fichtelgebirge und Fränkische Schweiz ins Nürnberger Land.

Wassersport

Auf vielen Flüssen wie dem **Main**, der **Regnitz** und auch dem **Main-Donau-Kanal** zwischen Bamberg und Kehlheim ist Wassersport möglich. Zahlreiche Rudervereine trainieren hier. Für Kanufahrten eignen sich – vor allem für Anfänger – eher die Nebenflüsse und der **Altmain** bei Volkach. An der **Fränkischen Seenplatte** finden Segler und Surfer gute Bedingungen.

Wintersport

Franken ist wohl kaum eine ausgesprochene Wintersportdestination, doch ist in den Hochlagen mehr als nur Wandern möglich. In der **Rhön** werden im Winter die Loipen gespurt und Skifahrer zieht es ins Familienskigebiet am **Ochsenkopf** im Fichtelgebirge.

Sprache

»Allmächd«, den Ausruf des freudigen Erstaunens, kennt wohl jeder Franke. In Franken wird gern Dialekt gesprochen, der jedoch je nach geografischer Lage sehr unterschiedlich ist. Teilweise sind Ausdrücke sogar von Ort zu Ort verschieden. Allen Franken gemeinsam ist aber die Angewohnheit, die Endsilben zu verschlucken: Aus »wir holen« wird dann »mer hole«.

Sprachrohr der Franken ist seit 1920 der **Frankenbund** (frankenbund.de), der nicht separieren, sondern fränkische Kultur und Geschichte bewahren will. Mitglieder aus Ober-, Unter- und Mittelfranken, aber auch dem angrenzenden Tauberfranken sowie dem südlichen Thüringen pflegen die fränkische Kultur.

Unterkunft

Vom hochpreisigen Luxushotel bis zum Hotel garni ist die Spanne der Unterkünfte breit gefächert. In Orten mit viel Tourismus, wie etwa Rothenburg oder Bayreuth, sind die Preise höher, jedoch finden sich auch hier erschwingliche Mittelklassehotels und Unterkünfte für jeden Geldbeutel. Campingplätze sind vor allem rund um die fränkische Seenplatte, entlang der Flussufer und an den Stadträndern zu finden. Für Familien kann ein Urlaub auf dem Bauernhof eine entspannte Option sein.

Verkehrsmittel

Mit **Bus** und **Bahn** kommt man in Franken (fast) überall hin. Würzburg und Nürnberg sind als Bahnknotenpunkte besonders gut zu erreichen. Auf dem Main und dem Main-Donau-Kanal verkehren **Linienschiffe** für die Personenbeförderung und verschiedene **Ausflugsschiffe**. Auf dem Brombachsee kam man mit dem **Trimaran** zu einer Rundtour starten, auf dem Altmühlsee ist die **MS Altmühlsee** unterwegs.

Der Ochsenkopf mit dem markanten Goethefelsen ist auch bei Skifahrern beliebt

Die **fetten** Seitenzahlen verweisen auf ausführliche Erwähnungen, *kursiv* gesetzte Begriffe bzw. Seitenzahlen beziehen sich auf den Service.

In der Fränkischen Schweiz: Blick vom Ehrenbürg, auch Walberla genannt

Andreas Herzau: S. 168
Bayern Tourismus Marketing GmbH: S. 163, 171
Carsten Heinke, Leipzig: S. 202
Congress- und Tourismus-Zentrale, Nürnberg: S. 227
Deutsches Weihnachtsmuseum, Rothenburg o. d. T.: S. 144
DZT/Loic Lagarde: S. 182
Erich Malter: S. 120
Erlebnispark Schloss Thurn: S. 238
Florian Fraaß: S. 48
Florian Trykowski: S. 105
geobra Brandstätter Stiftung & Co. KG/PLAYMOBIL-FunPark: S. 239
Germanisches Nationalmuseum, Nürnberg: S. 30
Heinz Krieger: S. 11 u., 78, 80 o., 80 u., 125 o., 125 u., 133, 154
iStockphoto/8vFanI: S. 19; bbsferrari: S. 12; benkrut: S. 15; Borisb17: S. 93; erial3: S. 16; Firn: S. 58; hohl: S. 1, 37; Juergen Sack: S. 14 u., 192, 206; justhavealook: S. 14 o.; LjiljanaPavkov: S. 225; Meinzahn: S. 115 o.; Mrusty: S. 20; Sean Pavone: S. 6.; Thomas Demarczyk: S. 226 o.; tiglat: S. 61; Vladimir Khirman: S. 97; Xantana: S. 79; zoomzoom: S. 21 o.
Katja Wegener: S. 42, 47, 49, 50, 51, 54, 55,
Kunstsammlungen der Veste Coburg: S. 187
Levi Strauss Museum: S. 175
Luca Scheuring: S. 20
Ludwig Erhard Zentrum, Fürth: S. 130, 131
Marian Lenhard: S. 169
Markt Bad Steben: S. 161; Marius Sommer: S. 159, 160
mauritius images: S. 3 Mitte, 107 u.
Museum für Franken: S. 98; Katja Krause: S. 99
Museum HopfenBierGut, Spalt: S. 126
National Archives US Goverment Administration: S. 219
Nationalarchiv der Richard-Wagner-Stiftung, Bayreuth/Thomas Köhler: S. 180, 181
Pfalzmuseum Forchheim: S. 196; F. Lopez: S. 197
Porzellanikon Selb/Andreas Gießler: S. 211
Rasso Knoller, Berlin: S. 221
Rothenburg Tourismus Service/W. Pfitzinger: S. 143
Shutterstock/303MaSek: S. 222; A G Baxter: S. 29; Alizada Studios: S. 36 u.; Anatolii Lyzun: S. 164; Andreas Wolochow: S. 152; Andrija Petrovic: S. 178; Animaflora PicsStock: S. 52/53, 158 o., 194, 195, 200 o., 204, 210, 220; Anna K Mueller: S. 104 u.; Anne Czichos: S. 33; Antonio Gravante: S. 233; Astor57: S. 64; balipadma: S. 137; BAO-Images Bildagentur: S. 207 u.; Bernd Juergens: S. 229; Bildagentur Zoonar GmbH: S. 4 Mitte, 110 u., 111, 123, 141; Bjoern Wylezich: S. 134; Borisb17: S. 39; Brigida Soriano: S. 23 u.; canadastock: S. 146/147; cge2010: S. 3 l., 95, 145; Christoph J: S. 232; Christopher Beyer: S. 235; cityfoto24: S. 110 o., 153; clearlens: S. 172; Corinna Haselmayer: S. 4 r., 228; Dan Race: S. 34; demamiel62: S. 124; Dietmar Rauscher: S. 226 u.; Dmitry Kovba: S. 234; Dmitry Naumov: S. 165, 215 o.; Dr. Paulo: S. 35; dxhoerl: S. 101; Edward Werner: S. 132 o.; emperorcosar: S. 92 o.; ESBProfessional: S. 10; Everett Collection: S. 215 u.; f4 Luftbilder: S. 82; Fabian Kremer: S. 243; footageclips: S. 32 u.; FooTToo: S. 112, 149; FotoTalent: S. 135 o.; franconiaphoto: S. 21 u., 32 o.; Frankowig: S. 96 u.; Gaschwald: S. 113; Gerhard Leopold: S. 59 u.; Grebozas: S. 185; Guido Vermeulen-Perdaen: S. 208; GWI: S. 155; Hani-Photo: S. 44; Harald Lueder: S. 63 o., 87, 193; Henryk Sadura: S. 118 o.; Igor Plotnikov: S. 96 o.; IK-Photography: S. 119; imageBROKER.com: S. 17 o.; Ina Meer Sommer: S. 68; ira008: S. 71; IT und FOTO Ingo Janek: S. 74; JeniFoto: S. 217; Johanna Muehlbauer: S. 36 o.; Kari Ahlers: S. 69 o.; kavalenkava: S. 94 u.; KazT: S. 4 l., 104 o.; Khirman Vladimir: S. 166; Lapping Pictures: S. 94 o.; leoks: S. 162 u.; Let Go Media: S. 227 o.; LianeM: S. 3 r., 148 o., 158 Mitte; Lickomicko: S. 12; Maleo: S. 190 u.; manfredxy: S. 90, 157; MDart10: S. 25; Michael von Aichberger: S. 118 u., 186 o., 186 u.; Mikalai Nick Zastsenski: S. 66 o.; Mikhail Markovskiy: S. 22; milosk50: S. 108, 109; MirasWonderland: S. 28 u.; mitchFOTO: S. 24, 191; Moskwa: S. 65, 76, 77, 89 o.; Natascha Mathyschok: S. 69 u.; NaughtyNut: S. 56; okteam: S. 86 o.; Oleksiy Mark: S. 107 o., 230; Oliver Hoffmann: S. 173; Oxie99: S. 92 u., 132 u., 135 u., 138, 140 u.; Pecold: S. 176/177, 184; PeterVrabel: S. 151; phaustov: S. 66 u., 67; photo20ast: S. 18 u., 40, 46, 179 u.; PRILL: S. 89 u.; Pusteflower9024: S. 86 u.; reindo: S. 136; Roman Sigaev: S. 114; Sean Pavone: S. 31 o.; Sergey Dzyuba: S. 100/101; Shanti Hesse: S. 162 o., 167; Simon Dannhauer: S. 174; Simone Hogan: S. 148 u.; Sina Ettmer Photography: S. 2 l., 11 o., 57, 60, 70, 75, 85, 88, 91, 106, 140 o., 156, 158 u., 188/189, 200 u., 223; Sinitilu: S. 2 r., 72/73; smpoly: S. 142 o.; STRINGER Image: S. 139; Tantse Manton: S. 190 o.; ThePhotoFab: S. 214; Thorsten Stark: S. 224; tichr: S. 142 u.; Tina Rabus: S. 127 o.; TKPPhotography: S. 179 o.; Tom Cloverfield: S. 41; Torsten Pursche: S. 199; travelview: S. 53, 204, 240; Tupungato: S. 122, 127 u.; U. Gernhoefer: S. 207 o.; Victor Yuminov: S. 2 Mitte, 26; Victoria P.: S. 23 o.; Video Media Studio Europe: S. 8/9, 150, 170; Volker Rauch: S. 45, 241; vulcano: S. 18 o.; Vytautas Kielaitis: S. 28 o.; Werner Lerooy: S. 63 u.; wirestock creators: S. 209; Wolfenheimer: S. 198; Woloha: S. 205; xbrchx: S. 115 u., 212/213; Zyankarlo: S. 38, 59 o.
Stadt Erlangen/Gerhard Hagen: S. 121
Thomas Dettweiler: S. 116, 117, 231
TI Fuerth/Johannes Heuckeroth: S. 128
VISTA POINT Verlag (Archiv), Rheinbreitbach: S. 27
Volker Rauch: S. 84
Waechtler: S. 81 o.
Weinhaus Stachel: S. 103
Wikipedia: André Karwath: S. 218 o.; Andreas Praefcke: S. 83; Bundesarchiv, Bild 146-1992-092-04 / CC-BY-SA 3.0: S. 218 u.; Flodur63: S. 203; Sep 09: S. 129; Tilman Riemenschneider creator QS:P170,Q44723: S. 102 l., 102 r.; Unknown author: S. 216

Auf Entdeckungsreise vor der Haustür

Das Original

Die Welt, wie Sie sie noch nie gesehen haben

1000 Places To See Before You Die®

Bildband

Patricia Schultz
Durchgängig vierfarbig,
mit 1000 Fotos, 544 Seiten
Format 24,1 x 32,7 cm
4. Auflage 2023
ISBN 978-3-96141-655-4
€ 59,90

1000 Places To See Before You Die®
Deutschland
2. Auflage 2024
1216 Seiten, Format 13,4 x 19 cm
Über 1000 farbige Abb., 17 Karten,
durchgehend vierfarbig
Flexybindung
E-Book inside
E-Book inside
ISBN 978-3-96141-750-6
€ 24,90

1000 Places To See Before You Die®
Deutschland • Österreich • Schweiz
5., akt. Auflage 2023
1256 S., Format 13,4 x 19 cm
Über 1000 farbige Abb.,
durchgehend vierfarbig
Flexybindung
E-Book inside
E-Book inside
ISBN 978-3-96141-670-7
€ 24,90

1000 Places To See Before You Die®
Geschenkausgabe
Patricia Schultz
1216 Seiten, 13,4 x 19 cm
600 farbige Abb.
Hardcover in Lederhaptik mit Prägung
und Banderole, zwei Lesebändchen
und Gummibandverschluss
lieferbar
ISBN 978-3-96141-358-4
€ 29,95

Titelbild: Fachwerkhäuser in der Nähe von Rothenburg ob der Tauber (Foto: iStockphoto/Jürgen Sack)
Umschlagrückseite: Die berühmte Veste Coburg (links/s. S. 186 u.), die historische Altstadt von Rothenburg ob der Tauber (Mitte/s.S.146/147), in der Fränkischen Schweiz (rechts/s. S. 243)
Schmutztitel (S. 1): Nürnberger Frauenkirche mit dem »Männleinlaufen« über dem Hauptportal
Seite 2/3/4 (v.l.n.r.): Das Alte Rathaus in Bamberg, Albrecht-Dürer-Haus in Nürnberg, Felsvorsprung bei Hammelburg, Festung Marienberg oberhalb von Würzburg, Rokoko-Festpiele in Ansbach, Wallfahrtskirche Vierzehnheiligen in Bad Staffelstein, Weinberge bei Würzburg, Festspielhaus in Bayreuth, Nürnberger Lebkuchen
Seite 10/11: Nürnberger Kaiserburg (S. 10), das Alte Rathaus in Bamberg (S. 11 o.), Brombachsee (S. 11 u.)

Mit Textbeiträgen aus **1000 Places To See Before You Die – Deutschland · Österreich · Schweiz** und **1000 Places To See Before You Die – Deutschland** von Judith Borchert, Heike Gallus, Erica Gebhart, Carsten Heinke, Tina Hoffmann, Die Journalisten, Rasso Knoller, Roland Mischke, Lilly Nielitz-Hart, Detlef Schmalenberg, Horst Schmidt-Brümmer und Petra Sparrer.

Reihenkonzeption: Andreas Schulz & VISTA POINT-Team
Bildredaktion: Andreas Schulz
Lektorat: JB Bild | Text | Satz, Berlin
Satz und Layout: Sandra Penno-Vesper, Potsdam
Reproduktionen: Noch & Noch, Datteln
Kartographie: Huber Kartographie GmbH
Gesamtherstellung: VISTA POINT Verlag GmbH, Rheinbreitbach

ISBN 978-3-96141-726-1

An unsere Leserinnen und Leser!
Die Informationen dieses Buches wurden gewissenhaft recherchiert und von der Verlagsredaktion sorgfältig überprüft. Nichtsdestoweniger sind inhaltliche Fehler nicht immer zu vermeiden. Für diese übernimmt der Verlag keine Haftung. Für Ihre Korrekturen und Ergänzungsvorschläge sind wir dankbar.

VISTA POINT Verlag
Rolandsecker Weg 30 · 53619 Rheinbreitbach
Telefon: +49 (0)2224/7795-0 · Fax: +49 (0)2224/7795-100
info@vistapoint.de · www.vistapoint.de · www.facebook.de/vistapoint